TOURISM

本教材为内蒙古自治区教育厅2021年度课题，课题名称：智慧旅游新业态下高职院校旅游专业人才培养模式改革与创新，项目编号：NJSY21535

京师职教
高等职业教育
旅游大类系列教材

HUIZHAN CEHUA
YU SHIWU

会展策划与实务

主　编：魏晓颖　杨慧敏　马丽敏
副主编：郝瑛媛　张　颖　魏　泓
　　　　张士新　李彩娟
参　编：雷　宇　麻广波

北京师范大学出版集团
BEIJING NORMAL UNIVERSITY PUBLISHING GROUP
北京师范大学出版社

图书在版编目(CIP)数据

会展策划与实务/魏晓颖，杨慧敏，马丽敏主编．—北京：北京师范大学出版社，2022.5（2023.1重印）
高等职业教育旅游大类系列教材
ISBN 978-7-303-27127-6

Ⅰ.①会… Ⅱ.①魏… ②杨… ③马… Ⅲ.①展览会—策划—高等职业教育—教材 Ⅳ.①G245

中国版本图书馆 CIP 数据核字(2021)第 146295 号

图书意见反馈：gaozhifk@bnupg.com 010-58805079
营销中心电话：010-58802755 58800035

HUIZHAN CEHUA YU SHIWE
出版发行：北京师范大学出版社 www.bnupg.com
北京市西城区新街口外大街 12-3 号
邮政编码：100088
印　　刷：北京天泽润科贸有限公司
经　　销：全国新华书店
开　　本：889 mm×1194 mm 1/16
印　　张：10.5
字　　数：180 千字
版　　次：2022 年 5 月第 1 版
印　　次：2023 年 1 月第 2 次印刷
定　　价：30.00 元

策划编辑：刘浩冰　　责任编辑：赵雯婧　冯祥君
美术编辑：焦　丽　　装帧设计：焦　丽
责任校对：陈　民　　责任印制：陈　涛

前　言

会展业是现代服务业的新兴类型，随着经济发展进入新阶段，现代会展业也在不断发展，凭借其扩散功能、创新功能、协调功能和集聚功能等成为当代经济进步的新引擎。我国会展业快速发展，对会展业从业人员的需求量骤增，为社会培养高等技术应用型人才的重任，为会展行业培养有理论基础、擅长技能操作的高端人才，是高职院校的教学目标之一。

本书以习近平新时代中国特色社会主义思想为指导，结合课程思政改革，融入课程思政环节，根据会展策划与管理专业教学内容和会展企业对人才的需求，以任务为培养导向，项目教学为主要方法，充分利用理论知识和典型案例分析，突出学生的策划、设计等核心能力培养和应用技能的锻炼。

本书由各高校会展专业带头人、专业教师和企业人员编写而成，主编由内蒙古商贸职业学院魏晓颖、内蒙古农业大学职业技术学院杨慧敏、内蒙古商贸职业学院马丽敏担任；副主编由内蒙古商贸职业学院郝瑛媛、内蒙古农业大学职业技术学院张颖、内蒙古商贸职业学院魏泓、内蒙古迈氏商务会展有限公司、内蒙古行思教育科技有限责任公司总经理张士新、内蒙古商贸职业学院思政课教师李彩娟担任；内蒙古农业大学职业技术学院雷宇、内蒙古商贸职业学院麻广波参编。具体编写分工如下：模块一“会展与会展策划概述”中项目一“会展行业概述”、模块三“展览与展览策划实务”中项目二“展览策划程序”和项目三“参展商的参展计划实施”由魏晓颖编写；模块一“会展与会展策划概述”中项目二“策划与会展策划”由马丽敏编写；模块三“展览与展览策划实务”中项目五“展览的设计”由杨慧敏编写；模块二“会议与会议策划实务”中项目二“国际会议的策划与管理”由张颖编写；模块二“会议与会议策划实务”中项目三“国际会议的服务规范”由魏泓编写；模块三“展览与展览策划实务”中项目四“参展人员的聘用与培训”由郝瑛媛编写；模块三“展览与展览策划实务”中项目一“展览与展览策划”由雷宇编写；模块二“会议与会议策划实务”中项目一“会议与国际会议”由麻广波编写；张士新作为企业管理人员为本书提供实践案例的编写，李彩娟作为思政课教师为本书编写提供课程思政案例的编写。

本书作为实现高校校企合作双元开发立项教材项目的成果，通过教学和自学相结合的方式，递进式培养，项目式实践，完成实际的会展策划运行，提升学生综合会展策划能力。在撰写过程中，分别得到了内蒙古迈氏商务会展有限公司、内蒙古行思教育科技有限责任公司等校企合作单位的参与支持，为教材的编写提供了相关案例、材料，并协助完成审稿。本书分三个模块，十个项目，二十六个任务，每一个项目和任务均根据会展企业的实际工作流程，结合理论和实践，完成每个项目的具体教学任务。

因新冠肺炎疫情影响，近几年会展业受到较大冲击，因此，本教材数据基本截至2018年。

本书可以作为普通高等院校本科会展管理专业、高职高专会展管理专业的教材，也可以作为高等教育自学考试、成人教育以及会展职业教育和会展从业者的岗位培训用书，旨在提高专业学生和会展企业从业者的专业素质，更好地服务于我国会展业发展。

会展业仍属新兴行业，受编写人员经验和水平限制，不当之处，敬请广大读者批评指正。

编　者

目　录

模块一　会展与会展策划概述

项目一　会展行业概述

【情景导入一】

中非经贸博览会：种子的故事

友谊的种子

湖南省农科院专家至今都还清楚地记得，2012 年 10 月 6 日下午，在马达加斯加马义奇河边散步见到的一幕：年轻人阿曼德一个人穿着短裤和无袖 T 恤站在独木舟上，撑着一根长竹竿逆水而上。几个顺水而行的船夫驶过他身边，那是和他同住一个村子的农民兄弟。每个人的小舟上，都载着自家生产且自给有余的几筐稻谷，正运往拉哈布吉粮食市场。这些稻谷，正是杂交水稻。彼时，湖南省农科院“援马达加斯加杂交水稻示范中心”项目已开展 6 年。

湖南援外修筑公路元老级人物接受媒体采访时说，卢旺达曾有一半的公路是湖南人修的。修三卡路的时候，那里就是个天然动物园，老虎狮子成群结队，但湖南人仍在一年内完成了 95%的工程量，并且提前竣工。在卢旺达鲁林多烈士陵园，有 4 位湖南路桥的建设者长眠于此。

1997 年至 21 世纪初，湖南路桥在肯尼亚、刚果(布)、刚果(金)等参与了 30 多个海外项目建设。在医疗、教育等领域，湖南与非洲更是友谊深厚。对塞拉利昂和津巴布韦人民而言，湖南是“白衣天使的家乡”。40 多年来，湖南先后向两国派出援外医疗队员 30 多批次，累计为 20 多万当地人民提供了优质医疗服务。南苏丹被称为“世界上最年轻的国家”。2017 年，中南出版传媒集团承担了我国首个综合性“教育援外”项目——“援南苏丹项目”，成功开创了一种全新的援外模式。

合作的种子

湖南与非洲的商贸合作，更像是一对“老铁”。“黑石号”沉船就能证明，早在唐朝时期，湖南就与非洲朋友存在经贸往来，并且还非常密切。这枚合作的种子，在现在早已长成大树。2018 年 9 月 6 日，中非合作论坛北京峰会刚刚闭幕，第四届对非投资论坛在长沙开幕。湖南省委书记、省人大常委会主任在致辞中说，非洲已成为湖南对外投资与合作的重要地区，湖南将更好地把“湖南优势”与“非洲禀赋”结合起来。早在2015年6月12日，他在长沙会见非洲36个国家的驻华大使或使馆官员时说道，中非友好交往源远流长，毛主席家乡人民更加珍视与非洲各国人民的传统友谊。

2018年6月，湖南省委副书记、省长去乌干达、埃塞俄比亚、尼日利亚三个非洲国家“串门”，受到了访问国家高层政要的高度重视，埃塞俄比亚总理、尼日利亚农业农村部部长、吉加瓦州州长等给予了热情的欢迎。2019年6月21日，5种来自湖南的种子远跨重洋，被带到乌干达总理身边。“水稻、棉花、玉米、小麦、葵花子。”乌干达总理说：“省长给我送来一份特殊的礼物，我们会试种这些种子，如果成功，就将它们引入我们的种植系统，让它们在乌干达的土壤上生根发芽、繁衍生息。”

湖南的产品、服务、技术和工程遍布非洲，湖南与非洲双方都从合作中受益。2019年2月26日，第一届“中国—非洲经贸博览会组委会”秘书处执行副秘书长、湖南省商务厅厅长表示，大批湖南企业正走进非洲，目前非洲已成为湖南经贸合作的重点和热点区域，更多合作的种子将扎根非洲。

发展的种子

湖南与非洲的情谊，正是中非友谊与合作的一个例证。2019年2月26日，第一届中国—非洲经贸博览会组委会秘书处召开第一次工作会议。会议介绍，2019年6月27日至29日召开的此次博览会期间，将设置“中非经贸合作案例方案展”，着眼于中非经贸合作经验和模式的总结与推介，并以中、英、法、葡四种语言向非洲传递“中国智慧、中国方案”。为办好这届博览会，秘书处专门组建了项目征集团队，截至目前，共调度有签约意向的对非合作项目70多个计90余亿美元。下一步，组委会将加快建立对非合作项目信息库，紧紧围绕农业、能源、投资、贸易、合作园区、基础设施建设和融资等重点领域、行业，征集、推介一批有合作前景、有签约意向的项目，面向非洲征集新能源、文化、旅游、矿产等亟待开发的项目。

亮点

——向国际友人发出邀请

湖南对于此次博览会非常重视，其中就包括嘉宾邀请。湖南已全面启动嘉宾和客商邀请工作，并制定了邀商实施方案，专门成立了邀商工作小组，统筹调度嘉宾和客商邀请工作。西亚非洲司向驻非洲使馆发出了工作电报，并协调对口司局向世贸组织、联合国工发组织、贸发组织、国际贸易中心(ITC)等发出了参会邀请。预计中外嘉宾客商总数将达万人，其中参会人员约3 000人，参展人员约7 000人，非洲嘉宾客商1 000人左右。

网上博览会永不落幕

博览会按照“现代、特色、数字”的要求以及让嘉宾客商“乘兴而来、满载而归”

的目标进行策划设计和招商招展。结合既有形象文化主题展又有商品展、既有室外展又有室内展的实际，设立非洲国家、合作成果、案例方案、中国省区市、企业展区和网上博览会六大类展区，总面积4.3万平方米，由商务部贸发局和湖南省商务厅共同组织实施。同时，创新展览展示方式，将运用声光电等现代技术布设案例方案展，开通永不落幕的网上博览会，建立高桥大市场“非洲国家商品馆”。

【情景导入二】

2017年6月10日，中国会展业大数据中心在贵阳挂牌成立。

作为中国目前唯一一个会展产业大数据中心，中国会展业大数据中心将致力于整合相关会展大数据资源，嫁接会展业大数据平台，在相关指导单位和落地城市的推动下，努力促进中国会展业大数据发展，加快融入“一带一路”建设，积极与欧美国家会展行业开展交流合作，丰富会展内涵，扩大会展外延，推动中国会展业国际化、专业化、信息化和智慧化水平。

>> 任务一　了解会展行业 <<

【知识目标】了解会展与会展策划的定义及功能。

【技能目标】通过了解会展与会展策划的定义及功能，对会展行业形成基本的概念。

一、什么是会展

会展是指在一定空间内进行的多人定期或不定期的产品展示、信息交换、贸易洽谈等集体性物质、文化交流活动。会展已有相当长的历史。1851年5月在英国伦敦举行的“万国工业博览会”被称为近代国际会展业的开端。

会展(尤其是国际会展)能吸引大量商务客户和游客，促进商品市场的开拓，推动技术和信息交流以及对外贸易和旅游业的发展，同时带动交通、住宿、商业、餐饮、购物等多项相关产业的发展，尤其是会展活动往往避开旅游高峰期，因此在客运低潮时期和商业淡季，会展能为旅馆、旅游、餐饮等行业带来商机。在“万国工业博览会”之后的100多年间，国际会展业迅猛发展。会展业也因此成为旅游行业中迅速发展起来的、经济效益较好的行业之一。会展活动以提供商业机会、教育和培训等形式为各个国家带来额外的收益。

会展在英文中用“MICE”表示，是Meeting(会议)、Incentive(激励活动)、Convention(大会)、Exhibition(展览)的首字母缩写。这个英文缩写被会展行业正式采纳是在20世纪90年代中期，虽然这个术语还没有在全球范围内被使用，但已被很多国家广泛接纳。在国外的研究中，如果将行业作为一个整体来讨论，“MICE”(会展)和“Conventions and Meetings”等几个术语是可以交换使用的。本书中，如果无特殊说明，“会展”写作“MICE”，展览写作Exhibition，而会议写作

Convention，Meeting 或 Conference。

二、会展的功能

(一)商务洽谈功能

会展通过为供需双方提供商务洽谈和交易的平台，进而促进经济、文化、技术交流和贸易达成。展会达成的贸易意向成为评断其是否成功的重要指标之一。

(二)经济效益功能

会展的经济功能包括创造直接的经济效益和间接的经济效益。直接的经济效益是指会展活动所促成的商品或服务的成交金额。间接的经济效益包括会展相关的门票、广告、餐饮、交通、住宿等收入。

根据国际测算，会展对相关产业的联动系数约为 1∶9，即会展场馆的直接收入如果是 1，那么交通、通信、住宿、餐饮、旅游、购物、广告、印刷、物流等相关产业收入就会是 9。因此会展业也被称为“城市面包”。

(三)社会效益功能

首先，会展既包括物质交流，也包括文化交流，是不同文化交流沟通的重要载体，有利于促进不同文化的理解和包容。如青岛国际啤酒节是亚洲最大的啤酒节，由啤酒品饮、艺术巡游、经贸展览等活动组成，从啤酒文化的角度塑造了青岛城市的形象，增加了青岛的魅力，扩大了青岛的知名度。在 2010 年上海世博会上，中国国家馆以“城市发展中的中华智慧”为主题，表现出了“东方之冠，鼎盛中华，天下粮仓，富庶百姓”的中国文化精神与气质，让人深刻地了解了中华价值观、中国城市的底蕴和传统及其未来发展之路。其次，会展活动是政治交往的重要方式之一，发挥着促进国际国内政治交流的作用。如中国通过举办 2008 年奥运会、2010 年上海世博会这两个具有世界影响力的大型会展活动，提升了国家形象和国际地位，取得了很好的效果。再次，会展具有传播、普及科技知识的作用，许多具有划时代意义的发明如留声机、电视机等都是通过会展走向世界的。

【知识链接】

中国进出口商品交易会(广交会)概况

中国进出口商品交易会，又称广交会，创办于 1957 年春，每年春秋两季在广州举办，由商务部和广东省人民政府联合主办，中国对外贸易中心承办，是中国目前历史最长、规模最大、商品种类最全、到会采购商最多且分布国别地区最广、成交效果最好、信誉最佳的综合性国际贸易盛会。

广交会历经 60 余年的改革创新发展，经受各种严峻考验却从未中断，加强了中国与世界的贸易往来，展示了中国形象和发展成就，是中国企业开拓国际市场的优质平台，是贯彻实施我国外贸发展战略的引导示范基地。广交会已成为中国外贸第一促进平台，被誉为中国外贸的晴雨表和风向标，是中国对外开放的窗口、缩影和标志。

广交会正以习近平新时代中国特色社会主义思想为指导，深入学习贯彻落实党的十九大精神，以新发展理念为统领，积极创新体制机制和商务模式，持续提升国际化、专业化、市场化、信息化水平，建设“智慧广交会”和“绿色广交会”，积极推进从出口贸易单一功能平台向结识客户、展示洽谈、行业交流、信息发布、产品推介等综合功能平台转变，更好地发挥全方位对外开放平台作用，把广交会打造成国际一流的“卖全球买全球”的新时代全方位对外开放平台，为推动经贸强国建设和开放型经济发展作出新的贡献。①

【知识链接】

世界最大的会展综合体——国家会展中心(上海)

国家会展中心(上海)由商务部和上海市政府合作共建，总建筑面积147万平方米，地上建筑面积127万平方米，2015年6月全面投入运营，是目前世界上面积最大的建筑单体和会展综合体。国家会展中心以突破性的规划设计，完善的服务功能，立足长三角，服务全中国，面向全世界，推动中国产业结构调整，促进经济发展方式转变，服务中国经济社会又好又快发展。

国家会展中心位于上海市虹桥商务区核心区西部，与虹桥交通枢纽的直线距离仅1.5千米，通过地铁与虹桥高铁站、虹桥机场紧密相连。周边高速公路网络四通八达，2小时内可到达长三角各重要城市，交通十分便利。

国家会展中心由展览场馆、配套商业中心、配套办公楼和配套酒店四大部分构成，通过位于8米标高的会展大道联成一体，各类人群可便捷地穿越展览、商业、办公楼、酒店等场所。

国家会展中心可展览面积50万平方米，包括40万平方米的室内展厅和10万平方米的室外展场，室内展厅由13个单位面积为2.88万平方米的大展厅和3个单位面积为0.97万平方米的小展厅组成，货车均可直达展厅。各展厅周边配套了充足的会议设施，由60多个大小不等的会议厅组成，可以分别组织几十人至3000人规模不等的会议。

国家会展中心内部设计了先进的交通体系，人车分流、人货分流、各业态之间自成交通体系，确保展会布展、撤展以及日常交通安全。

配套商业中心位于建筑中央位置，与各展厅相连，也可通过地铁直达，配备会议室、贵宾室、咨询台等展会服务设施，又集各类餐饮、休闲娱乐、展示营销、精品商店等功能于一体，既为展会提供配套服务，又延伸展览效应，提升商业价值，

---

① 资料来源：https://www.cantonfair.org.cn/about/overview，选入本书时有改动。

满足各类不同人群的需求，是国家会展中心的独特亮点。

三栋办公楼和一座五星级酒店位于国家会展中心四片叶子的端部。其中，办公楼能满足各类会展产业链企业、贸易促进机构、商贸企业、金融机构等办公需求，也可为会展活动提供高效便捷的会议服务，配合举办各类产品的常年展示，与例展相辅相成，放大展览的贸易功能。五星级高档商务型酒店，可以满足展会高端人群的住宿、用餐和会议等需求。

随着国家会展中心全面投入运营，一大批规模大、质量高、成效好、影响广、辐射强的国内外展会，将在这里落地生根；一大批与新型展会相关的现代服务业将在这里集聚，一个全新的商业娱乐休闲中心将在这里全面崛起。国家会展中心必将成为上海国际贸易中心建设的加速器，成为我国“调结构、转方式、促平衡”的大平台，成为国内外交流合作、互利共赢、商机无限的大舞台。

【探究与实践】

1. 请根据自己的理解对会展进行描述。

2. 以广交会为例分析会展的功能。

>> 任务二　了解国际、国内会展行业现状 <<

【知识目标】了解会展行业的现状、分类、市场划分类型及未来发展趋势。

【技能目标】通过对国内外会展行业的现状以及未来趋势的了解，能对自己未来的职业发展进行规划。

一、国际会展市场

从经济总量和经济规模的角度来考察，会展业在世界各国的发展很不平衡。德国、法国、意大利、英国、美国都是会展业大国，在全球会展市场上占有较大的份额。而发展中国家由于受经济体制、技术发展水平的制约以及观念的影响，会展业的发展水平明显落后于发达国家。

(一)地区划分

1. 全球会展行业规模较大且持续增长

随着经济全球化发展，全球会展服务行业呈平稳发展的态势。新兴市场迎来高速增长，成熟市场保持稳定增长。

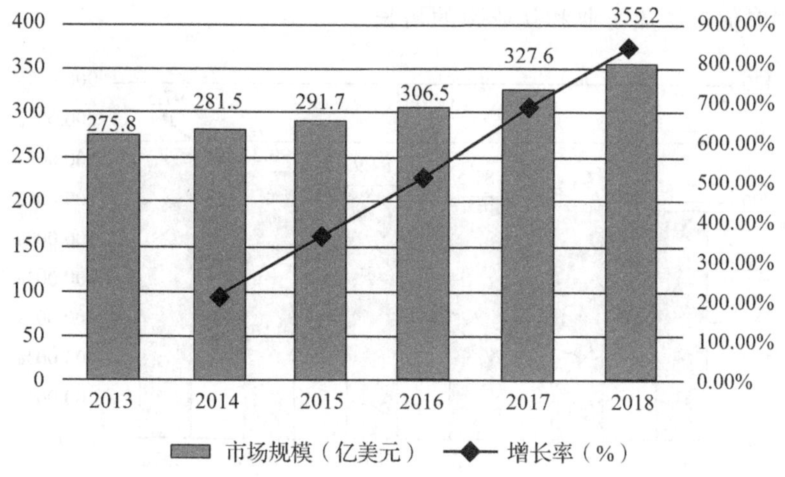

图 1-1　2013—2018 年全球会展市场规模

（数据来源：公开资料、智研咨询整理）

2. 欧美地区市场主导地位稳固，增速放缓

(1)欧洲市场

欧洲会展行业市场规模将保持一个较为稳定的增长率，会展行业的主导地位未被动摇。欧洲会展行业市场正处于"数字化"进程中，其展会形式、互动与信息分析均有极大的创新。虽然博闻等大型欧洲展会企业仍是全球会展行业的引领者，但是，随着全球会展行业的发展，欧洲会展行业市场的增长率将低于发展中国家。欧洲会展企业将他们的本土展览经验输送到新兴市场以获得新的利润增长点，并试图用品牌战略吸引更多的展商以期对抗未来的低增长率态势。

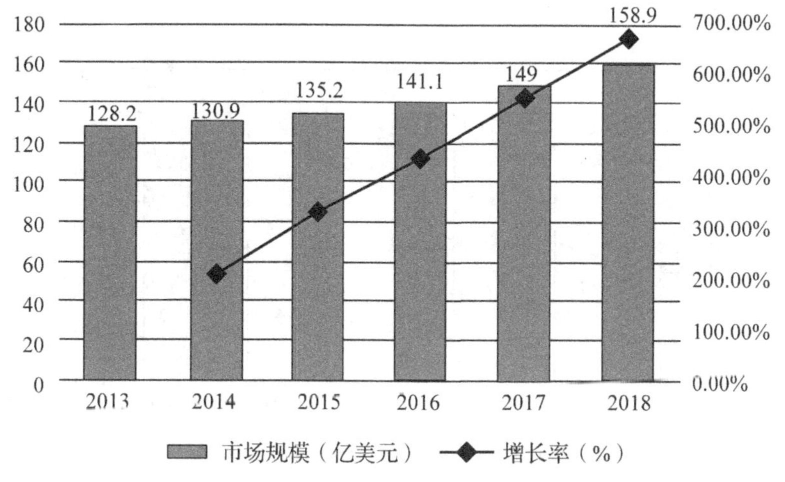

图 1-2　2013—2018 年欧洲会展市场规模

（数据来源：公开资料、智研咨询整理）

(2)北美市场

北美市场已经是一个成熟的市场了，且这个市场中有大量的竞争企业。北美自由贸易协定促进了该地区货物与服务的贸易。在各个展会中，先进科技的进步及其应用给展商带来了潜在的收益。美国政府认为，会展是经济的重要刺激因素之一，

因为会展同时促进了旅游业和就业率的增长。

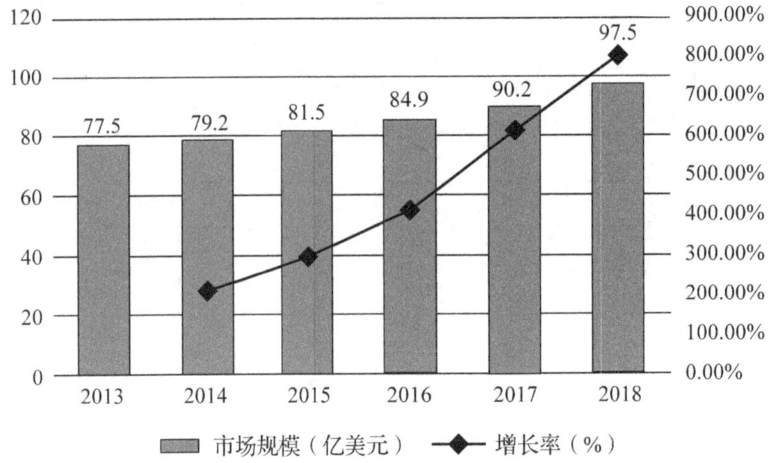

图 1-3　2013—2018 年北美会展市场规模

（数据来源：公开资料、智研咨询整理）

3. 亚太、中东非地区市场规模占比不断提升

目前，国际会展行业形成了以欧美国家为中心，辐射亚太、中南美、中东非的格局。亚太地区、中东非地区会展市场占比不断提升的原因在于，一方面随着国际会展行业的不断发展，众多国际知名的会展品牌纷纷进入亚太、中东非市场，通过行业细分、跨地域的协调和延伸巩固自身地位；另一方面亚太、中东非地区经济的高速发展以及人民生活水平的日益提升，促使当地贸易需求增加，当地会展市场规模亦随之增长。

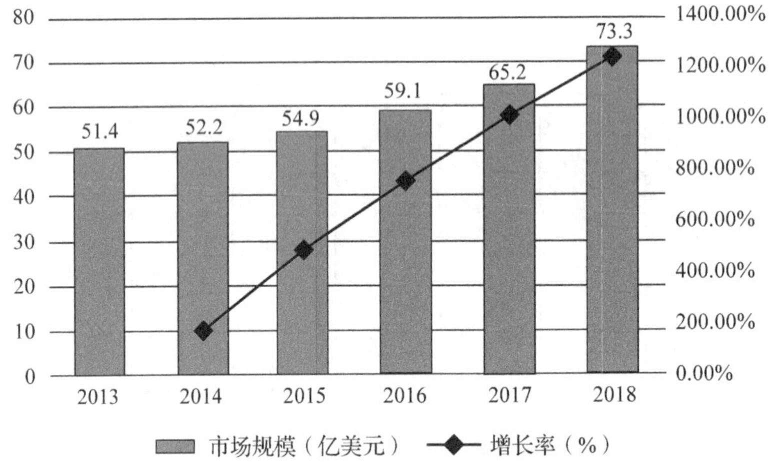

图 1-4　2013—2018 年亚太会展市场规模

（数据来源：公开资料、智研咨询整理）

在亚洲，日本、新加坡等，或凭借其广阔的市场和巨大经济发展潜力，或凭借其发达的基础设施、较高的服务业发展水平、较高的国际开放度以及较为有利的地理区位优势，成为亚太的展览大国。非洲的会展业主要集中于经济较发达的南非和埃及。

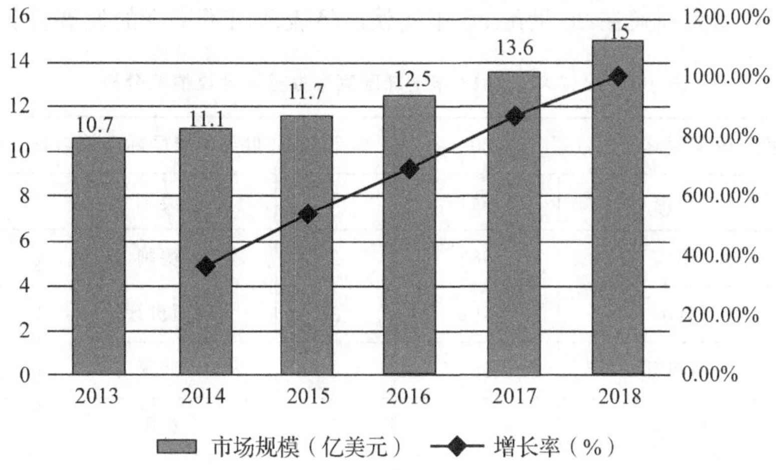

图 1-5　2013—2018 年中东非市场规模

（数据来源：公开资料、智研咨询整理）

4. 中南美地区市场规模较小，尚待开发

中南美地区会展行业市场的外部支持环境相比于其他几个地区显得较弱。经济的持续动荡成了打击投资者信心的主要原因。尽管如此，由于巴西、墨西哥、智利、哥伦比亚等新兴市场国家的人民生活水平的提升，中南美地区的会展行业市场仍然保持一个较为稳健的增长趋势。这个地区的会展行业企业会有策略性地与欧美会展企业合作，共同促进这个地区会展行业市场的发展。

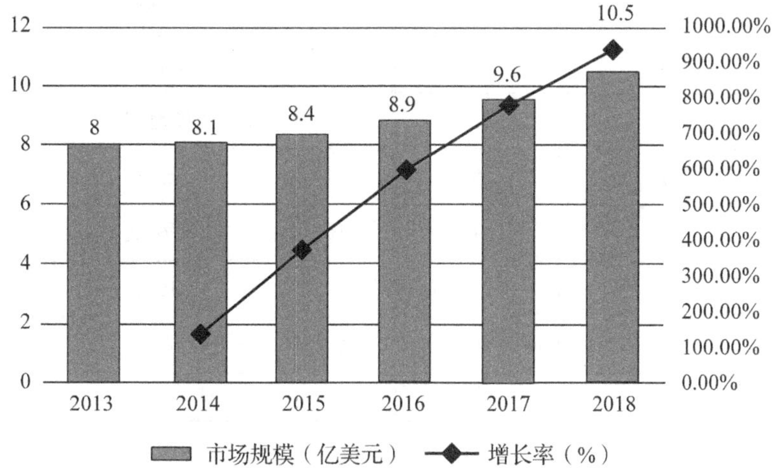

图 1-6　2013—2018 年中南美会展市场规模

（数据来源：公开资料、智研咨询整理）

（二）国际会议市场划分

在国际会议市场，美国长期处于领先地位，欧洲国家则占据了全球会展业的半壁江山。近几年，美国与日本以及一些欧洲国家（如丹麦和比利时），在国际性会议的主办数量上，呈现出下降的趋势。离开欧洲国家到其他国家举办国际会议成为一种趋势。近几年澳大利亚逐渐成为一个极受欢迎的会议举办地。国际会展行业的统计数字表明，澳大利亚在20世纪90年代就已经表现出了持续的发展势头。

表1-1　2017年、2018年全球国家举办国际会议情况分析

2017世界国家国际会议数量Top 20			2018世界国家国际会议数量Top 20		
1	美国	941	1	美国	947
2	德国	682	2	德国	642
3	英国	592	3	西班牙	595
4	西班牙	564	4	法国	579
5	意大利	515	5	英国	574
6	法国	506	6	意大利	522
7	日本	414	7	日本	492
8	中国	376	8	中国	449
9	加拿大	360	9	荷兰	355
10	荷兰	307	10	加拿大	315
11	葡萄牙	298	11	葡萄牙	306
12	奥地利	281	12	韩国	273
13	韩国	279	13	澳大利亚	265
14	澳大利亚	258	14	瑞典	257
15	瑞典	255	15	比利时	252
16	巴西	237	16	奥地利	240
17	瑞士	230	17	巴西	233
18	波兰	216	18	阿根廷	232
19	比利时	208	19	波兰	211
20	丹麦	203	20	瑞士	208
总计		7722	总计		7947

资料来源：2018 ICCA国际会议统计报告

在数量方面，全球国际会议数量呈现增长态势，2017年全球国际会议数量为12558场(以全球国家举办会议总数为统计标准)，2018年为12937场，增幅约为3.01%；其中亚太区举办国际会议数量增长较为明显，2017年亚太地区举办国际会议2690场，2018年为2940场，增幅为9.29%。

表 1-2 2017 年、2018 年亚太国际会议市场情况分析

2017 亚太地区国家国际会议数量 Top 10			2018 亚太地区国家国际会议数量 Top 10		
1	日本	414	1	日本	492
2	中国(大陆)	376	2	中国(大陆)	449
3	韩国	279	3	韩国	273
4	澳大利亚	258	4	澳大利亚	265
5	印度	175	5	泰国	193
6	泰国	163	6	中国台湾	173
7	新加坡	160	7	印度	158
8	中国台湾	141	8	新加坡	145
9	中国香港	119	9	马来西亚	134
10	马来西亚	112	10	中国香港	129
总计		2197	总计		2411

资料来源：2018 ICCA 国际会议统计报告

在亚太国家及地区中，日本仍然是举办国际会议最多的国家。2018 年日本举办 492 场国际会议，位列第一，中国以 449 场位列第二，但中国以 19.41%的增长率成为国际会议数量增长最快的亚太地区国家。

表 1-3 全球 50 家知名会展机构(排名不分先后)

德国	1. 法兰克福国际展览公司
	2. 德国汉诺威展览公司
	3. 德国杜塞尔多夫展览公司
	4. 德国科隆国际展览有限公司
	5. 德国慕尼黑国际展览集团
	6. 德国柏林展览公司
	7. 斯图加特展览公司
	8. 德国埃森展览公司
	9. 德国莱比锡展览公司
	10. 德国德马吉展览公司
美国	11. 美国克劳斯公司
	12. 美国富瑞门集团
	13. 爱奇会展有限公司
	14. 美国麦杰克国际公司
	15. 美国包装机械协会
	16. 全美家庭用品制造商协会
	17. 美国 QUESTEX 传媒集团
	18. 美国消费电子产品协会
	19. 美国 PENNWELL 公司
	20. 美国博彩协会

续表

英国	21. 励展博览集团
	22. 蒙哥马利展览有限公司
	23. 英国国际贸易与展览有限公司
	24. 英国国研会展集团
	25. 英国 BRINTEX 公司
	26. 奥伟展览集团
意大利	27. 米兰国际展览公司
	28. 里瓦德尔 FIERECONGRESSI 股份有限公司
	29. 米兰博览会集团
	30. 里米尼展览公司
	31. 意大利博洛尼亚展览集团
法国	32. 法国爱博集团
	33. 法国巴黎展览集团
	34. 马赛国际展览公司
日本	35. 日本 CMP 集团
	36. 日本康格株式会社
	37. 日本杰科姆会展服务公司
巴西	38. 巴西奥冈达拉・马夏度展览公司
	39. 巴西 DIRETRIZ 集团
新加坡	40. 新加坡展览有限公司
	41. 新加坡国际展览集团
	42. 新加坡会议与展览管理服务有限公司
其他	43. 万耀企龙展览集团
	44. 中东展览联盟
	45. 西班牙马德里国际展览中心
	46. 白杨树国际展览集团
	47. 加拿大 DMG 传媒集团
	48. 亚洲博闻有限公司
	49. 俄罗斯 RESTEC 展览公司
	50. 葡萄牙 EXPONOR 国际展览公司

二、国内会展行业发展概况

(一)我国会展行业发展迅速

随着经济的快速发展和国际交往的日益频繁，中国会展业获得了前所未有的发展，成为中国经济发展的催化剂。中国会展业已形成以北京为中心的“京津—华北会展经济产业带”，以上海为中心的“长江三角洲—华东会展经济产业带”，以广州、中国香港为中心的“珠江三角洲—华南会展经济产业带”，以大连、哈尔滨等城市为中心的“东北边贸会展经济产业带”，以武汉、郑州、成都、西安、昆明等城市为龙头的中西部会展中心城市五大会展经济带。2018 年我国会展行业政策环境不断优化，制度规范更加完善，以“一带一路”建设为重点的开放型经济发展深入推进，首届中国国际进口博览会创造了多项国际博览会纪录，新业态、新模式不断涌现。2019 年中国展览业的市场规模继续在全球居于首位，业态模式呈多元化发展，资源整合日益深化，行业结构和区域布局持续优化，我国会展经济已由高速增长向高质量发展转变。

(二)出国参展、办展保持增长态势

1. 出国参展、办展指标有所回升

受 2008 年全球金融危机的影响，2009 年至 2011 年我国的出国参展、办展相关指标均呈现下降趋势。但由于各级政府的直接推动、市场需求的增长以及各组展单位的积极努力，2012 年我国出展各项主要指标包括展出面积和参展企业数的同比增速已基本恢复到 2008 年金融危机前的水平。2013 年受欧美国家经济发展趋缓、发达国家不断采取量化宽松货币政策以及贸易和投资保护主义加剧等因素影响，我国

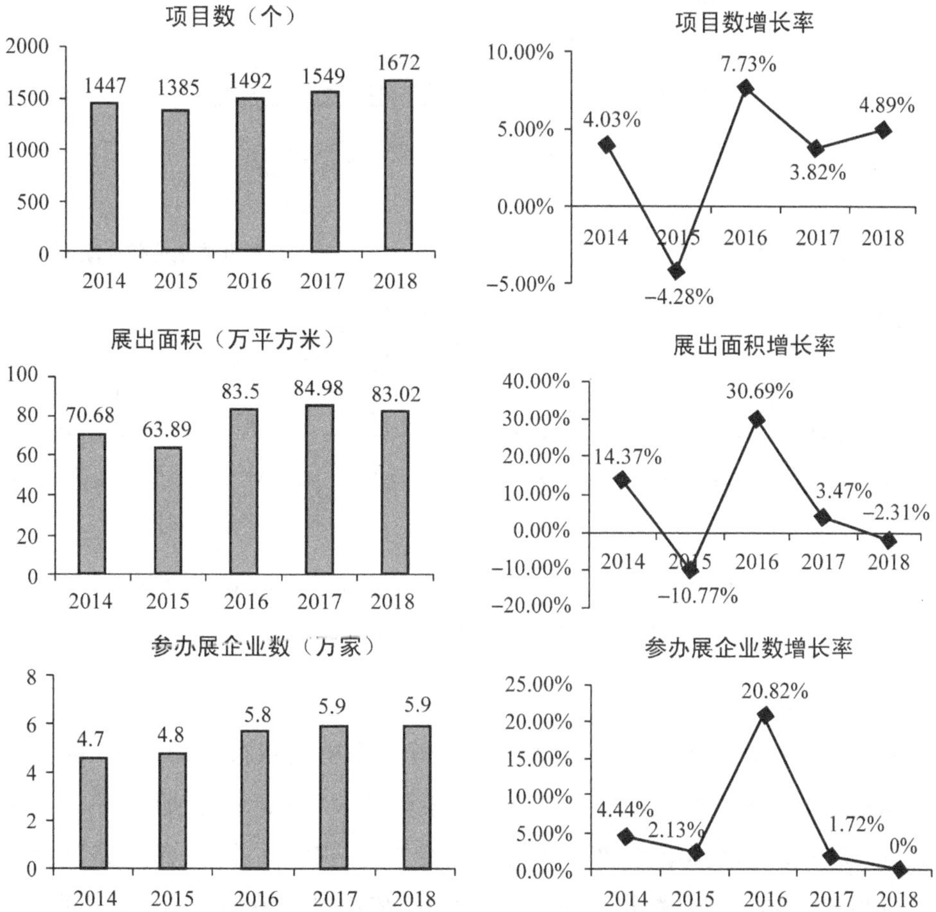

图 1-7　2014—2018 年中国出国展览概况

(数据来源：《中国展览经济发展报告(2018)》)

出展相关指标同比略有下降。2014 年在政府的大力支持和世界经济缓慢复苏的背景下，出展各项指标开始显著回升。2015 年，受世界经济增长放缓、国际市场需求萎缩、大宗商品价格下跌以及国内因结构调整而导致的投资需求放缓等多重因素影响，我国出展行业整体规模下滑。2016 年，世界经济呈现缓慢复苏的态势，但仍有众多不利因素使全球经济充满了不确定性。在这种背景下，我国通过稳步推进“一带一路”倡议、供给侧改革等措施，保持了社会经济的平稳、健康发展。2017 年我国出国举办展(博)览会整体增速相对 2016 年放缓，但总体规模依然保持增长态势，参展项目数量、展览面积稳步增长，参展企业数量逐渐增多。2018 年，全球经济增长放缓，但中国经济形势整体稳健，中国出国举办展(博)览会总体增速相比上年有所回升。

其他亚洲国家成为中国出国参办展的潜在目的地，西欧和北美地区是中国参办展的主要市场，中国在东欧及俄罗斯地区参办展总体保持增长态势。2018 年中国出国参办展项目数列居前 10 位的国家分别为美国、德国、俄罗斯、印度、阿联酋、土耳其、巴西、法国、泰国和印度尼西亚。

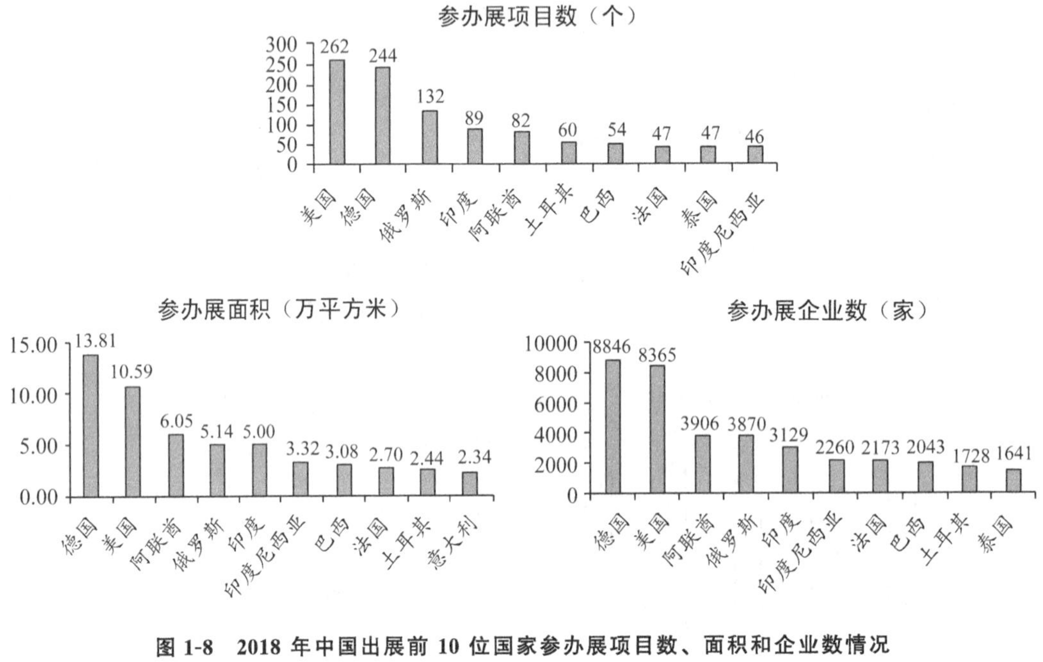

图 1-8　2018 年中国出展前 10 位国家参办展项目数、面积和企业数情况

(数据来源：《中国展览经济发展报告(2018)》)

2.“一带一路”沿线国家出展成果丰硕

2018 年是“一带一路”倡议提出五周年，五年来中国积极推动赴“一带一路”相关国家参展办展，不断搭建企业对接平台，不断扩大“一带一路”朋友圈。2018 年，中国赴“一带一路”沿线国家参办展数量稳步增加，共赴 33 个“一带一路”沿线国家组织参办展 718 项。项目数排名前 10 位的国家依次是俄罗斯、印度、阿联酋、土耳其、泰国、印度尼西亚、越南、伊朗、新加坡和马来西亚。

表 1-4 2018 年赴“一带一路”沿线国家参办展项目数排名前 10 位国家

国家	参办展项目数(项)	实际展出面积(万平方米)	参办展企业数(家)
俄罗斯	132	5.1	3870
印度	89	5.0	3129
阿联酋	82	6.1	3906
土耳其	60	2.4	1728
泰国	47	1.9	1641
印度尼西亚	46	3.3	2260
越南	43	1.5	1265
伊朗	35	1.1	764
新加坡	27	1.5	1023
马来西亚	23	1.3	879

表 1-5 2018 年赴“一带一路”沿线国家参办展项目数排名前 10 位行业

行业	参办展项目数(项)	实际展出面积(万平方米)	参办展企业数(家)
综合类	129	15.9	9386
机械类	128	5.7	4105
食品、农产品类	41	1.5	1403
医疗保健类	39	1.3	1244
纺织服装、皮革制品类	35	1.3	1006
能源矿产类	33	1.3	816
建筑装饰类	33	1.0	804
照明类	28	0.9	748
五金工具类	28	0.6	461
化工类	18	0.7	631

(数据来源:《中国展览经济发展报告(2018)》)

3.“金砖国家”参办展成绩斐然

2018 年,随着国际形势的不断变化,会展更是成为促进中国与其他“金砖国家”经贸交流与合作的重要手段。2018 年,中国赴“金砖国家”参办展项目数和展出面积均实现增长,共赴 4 个“金砖国家”组织参办展 310 项。

4.“上合组织”国家发展前景广阔

2018 年,“上合组织”经贸合作潜力和空间不断扩大,中国赴各国参办展情况整体来说比较乐观,共赴 8 个“上合组织”国家参办展 248 项,未来发展前景广阔。

三、行业未来发展趋势

(一)世界会展产业“东移”趋势更加明显

伴随着亚太、中东非、中南美等新兴市场国家经济发展速度的提升,国际会展产业出现了重心由发达国家向发展中国家转移的趋势。欧美国家在保持行业主导地位的同时，市场增速放缓，而亚太、中东非地区因人均可支配收入的增加和生活水平的提升，其会展行业市场正以较高的年复合增长率快速增长。步入“新常态”的中国更加渴望有更多、更大的平台展示自我，一系列国际会展的成功举办也为会展行业带来了难得的机遇。过去几年里，米兰、汉诺威等国际展览业巨头纷纷在中国举办新的展览会，并取得了良好的效果。可以预见，中国经济的进一步转型将为国际市场带来更多的机会，国际市场和国内市场的双向需求将带动世界会展业加速“东移”。与此同时，为了展现中国智造，国家也将充分利用出国展览平台，将中国企业的形象输出到国外，国内的出国会展行业也将迎来历史性机遇。

(二)专业性展览会已成未来趋势

综合与细分是设定展会内容的两种方式。展会的内容从综合到细分是展览业发育成熟并迈向专业化的重要标志。欧美展览大国已经开始细分行业之后“再细分”行业，展览内容极具专业性，这使采购商能够以较快的速度找到所需的产品。在我国，由于追求展览经济的规模效应和“大而全”的展示效果，偏综合性的展会仍大量存在。近几年，许多综合性展会开始将内容细分成专业性主体展览会或主题馆。虽然与欧美相比这种划分仍显粗放，却已体现出中国展览业专业化进程的加速。随着政府介入的逐步减少，中国展会将在市场的要求下对内容进行更合理、更专业的细分，许多大型展览会有可能被划分为规模更小、专业性更强的展览会，与国际展览业的发展更为紧密地联系在一起。

(三)我国会展产业发展趋势与特点

1. 政府推动力度加大

2015 年 4 月 19 日，国务院正式出台的《关于进一步促进展览业改革发展的若干意见》指出“积极推进展览业市场化进程。坚持专业化、国际化、品牌化、信息化方向，倡导低碳、环保、绿色理念，培育壮大市场主体，加快展览业转型升级，努力推动我国从展览业大国向展览业强国发展，更好地服务于国民经济和社会发展全局”。这是展览业发展首次全面系统的战略目标和主要任务，对进一步促进展览业改革发展做出全面部署。这将对行业的持续、健康发展产生积极、深远的影响。

2. 市场力量推动会展行业进一步发展

近年来，我国会展业市场化进程加快，具体体现在政府展会项目外包、行业中介组织建设和行业标准建设三个方面取得了重大突破。政府展会项目正积极实施服务外包，如武汉光博会、亚欧博览会、绵阳科博会、沈阳制博会等一批政府展会项目。行业标准建设近期也取得进展，行业规范提上议事日程，2013 年至 2014 年先后颁布实施了《会展设计搭建服务规范》《会议分类与术语》《会展业节能降耗工作规范》等一批国家标准、行业标准；浙江、广西、山东、四川等省份也制定颁布了一系列地方性会展行业标准。

3. 国际会展企业进入中国市场的步伐加快

近年来，国际会展企业进入中国市场的步伐加快，进入方式灵活多样，包括收购中国会展项目、成立合资企业运营会展以及共同开发会展项目等。此外，外资会展企业还纷纷与国内相关机构合作，成立合资会展公司，共同举办展会。例如，英国 I2I 集团与中国纺织行业贸促会合作，共同举办中国国际针织博览会；成都市博览局与励展博览、博闻 UBM、意大利罗马会展公司建立了战略合作关系等。

4. 科技助推会展进步，线上线下融合发展

近年来，高新技术在会展中得到广泛应用，从数据采集统计，到线上线下展会的共同发展；从信息技术应用，到科技资本的融合，都充分体现出“会展与科技融合发展”的总体趋势。近几年来，会展业信息化水平显著提高。随着移动互联网的兴起，“自媒体”蓬勃发展，微博、微信等即时通信工具成为人们获取信息的重要来源，会展业也广泛使用微博、微信、公众号实时发布展览资讯并与客户开展互动交流。

(四)我国会展企业出国办展趋势与特点

随着我国外贸企业的竞争优势增加、对外开放程度的加深以及外贸稳增长调结构政策的落实，我国外贸交易将进一步发展，从而推动我国出国办展市场规模高速增长。

1. 对外开放快速推进，为出国办展营造良好环境

我国对外开放的快速推进，以及与各国之间贸易联系的进一步紧密，为中国外贸发展营造了良好的政治环境，促进我国对外贸易增长，从而带动我国企业出国参展、办展规模的逐步提升。首先，“一带一路”合作倡议、国际产能和装备制造合作陆续进入实施阶段，“一带一路”沿线省市和展览业界纷纷提出了更多的相关展会建议和设想，对外贸易与对外办展相互促进的局面正在形成。“一带一路”沿线大多是新兴经济体和发展中国家，总人口约 44 亿，约占全球总人数的 63%，经济总量约 21 万亿美元，约占全球经济总量的 29%。这些国家普遍处于经济发展的上升期，我国与之开展互利合作的前景广阔；其次，我国积极发展多双边经贸关系，截至 2017 年 6 月底，我国已与 23 个国家和地区达成 15 个自贸协定，并正与 20 多个国家和地区进行自贸协定谈判或前期研究。

2. 政府大力促进境外出展业务，政策利好不断

为了充分发挥会展行业在促进中国对外贸易中的推动作用，政府近年出台了一系列文件，把促进展览业改革发展和国家对外战略相结合。2015 年 2 月，国务院下发了《加快培育外贸竞争新优势若干意见》，指出要加大中国品牌海外推介力度，全面提升与“一带一路”沿线国家的经贸合作水平；与此同时，我国全面加快贸易促进平台建设，培育若干个国际知名度高、影响力大的国家级会展平台。2015 年 5 月，国务院下发《进一步促进展览业改革发展的若干意见》时继续强调“加快‘走出去’步伐，大幅提

升境外组展办展能力。在国际展览业中的话语权和影响力显著提升，培育一批具备国际竞争力的知名品牌展会”。相关文件的出台有利于境内展会企业在促进中国外贸发展中发挥更为积极的作用，为境外办展的长久发展提供了良好的环境。

3. 我国企业竞争优势不断积累，推动出国办展市场规模增长

目前，我国企业在数量、技术、产业链、商业模式等方面不断积累优势，从而促进我国对外贸易增长，推动会展行业发展。在数量上，我国具备跨国经营能力的企业群体日益壮大，加之我国更加注重品牌建设，积极在国际上拓展市场；在技术方面，我国企业积极向高端产业、高附加值产品出口拓展，出口产品技术含量不断提高；在产业链方面，中西部地区外向型产业链日益完善，外贸发展能力持续增强；在商业模式上，市场采购贸易、外贸综合服务企业等外贸新型商业模式蓬勃发展。在以上因素的影响下，出国办展市场的潜在客户将逐步增加。

4. 国家战略催生新的出展项目

国家发改委、外交部、商务部联合下发的《推动共建丝绸之路经济带和 21 世纪海上丝绸之路的愿景与行动》提出，要继续发挥中国—东盟博览会、中国—亚欧博览会、中国国际投资贸易洽谈会，以及中国—南亚博览会、中国—阿拉伯博览会、中国西部国际博览会、中国—俄罗斯博览会的作用。“一带一路”沿线省市和展览业界积极支持国家战略，纷纷提出了更多的相关展会建议和设想，全国范围内将逐渐形成各有侧重、主题鲜明、特色突出的“一带一路”对外交流合作平台格局，推动“一带一路”沿线国家建立更加紧密的经贸联系，“一带一路”国家的展会项目将进入高速发展期。

5. 出国展览指标总体增长，展览与贸易形成互动

出国展览一直以来是国内企业走出去最重要的贸易方式，出国展览规模与同期中国货物、服务等进出口情况息息相关，图 1-9 为出国展览项目数和商务部统计数据显示的出口数据对比情况。

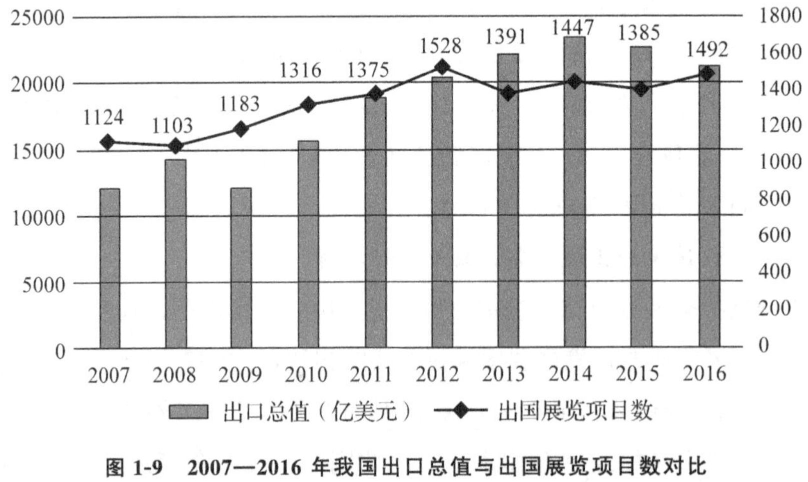

图 1-9 2007—2016 年我国出口总值与出国展览项目数对比

（数据来源：公开资料整理）

【知识链接】

中国国际高新技术成果交易会

中国国际高新技术成果交易会(简称高交会)，是经国务院批准举办的高新技术成果展示与交易的专业展会。高交会由多个政府部门、科研单位和深圳市人民政府共同主办，由深圳市中国国际高新技术成果交易中心承办，于每年的11月16日至21日，在深圳举行。

中国国际高新技术成果交易会是中国规模最大、最具影响力的科技类展会。高交会设有高新技术成果交易、高新技术专业产品展、论坛、super-SUPER专题活动、高新技术人才与智力交流会、不落幕的交易会六大板块，集成果交易、产品展示、高层论坛、项目招商、合作交流于一体，通过“官产学研资介”的有机结合，为海内外客商提供寻求项目、技术、产品、市场、资金、人才的便捷通道。

自1999年以来，高交会得到了中国各级政府的高度重视和大力支持。每届高交会均有全国31个省、自治区、直辖市、计划单列市、港澳台地区以及近30家中国著名高校参加展示交易洽谈；同时，高交会也得到了海内外高新技术企业的认可和欢迎，全球50多个国家的客商参加了历届高交会的展示、交易和洽谈，其中有美国、英国、德国、加拿大、澳大利亚、意大利、俄罗斯以及欧盟等近30个参展国家或国际组织，有微软、IBM、甲骨文、西门子、英国电信、爱立信、菲利浦、SAP、索尼、三星等40多家国际知名跨国公司；来自全球的商政学界优秀人士，如诺贝尔奖获得者、部长级以上政府官员、跨国公司总裁等400多人在高交会论坛上发表过演讲；每届展会参观人数超过50万人，产品与技术交易额超过130亿美元。

高交会以“国家级、国际性、高水平、大规模、讲实效、专业化、不落幕”的特点，成为中国高新技术领域对外开放的重要窗口，在推动高新技术成果商品化、产业化、国际化以及促进国家、地区间的经济技术交流与合作中发挥着越来越重要的作用。

【知识链接】

第一届中国国际进口博览会

第一届中国国际进口博览会(The 1st China International Import Expo)，由中华人民共和国商务部、上海市人民政府主办，是世界上第一个以进口为主题的大型国家级展会，旨在坚定支持贸易自由化和经济全球化，主动向世界开放市场。

2018年11月4日，第一届中国国际进口博览会新闻中心正式运营；11月5日至10日，第一届中国国际进口博览会在国家会展中心(上海)举行，中国国家主席习近平出席开幕式。

主办单位：中华人民共和国商务部、上海市人民政府

合作单位：世界贸易组织、联合国贸易和发展会议、联合国工业发展组织等国

际组织

承办单位：中国国际进口博览局、国家会展中心(上海)有限责任公司

形象标识：2018 年 7 月 27 日，中国国际进口博览会标识在国家会展中心(上海)揭晓。标识由中间的地球、外侧的浅蓝色圆环、进口博览会中英文名称和英文缩写(CIIE)等部分组成。中间的地球寓意进口博览会的广泛性、多样性和包容性；地球上的绿色中国，体现了“绿水青山就是金山银山”的绿色发展理念；图标外侧为浅蓝色圆环，寓意着中国与世界各国紧密的团结合作。图标中进口博览会的英文简称“CIIE”中间两个字母“II”形似一扇打开的大门，字体颜色选取中国红，象征着中国热情好客，欢迎世界宾朋。

吉祥物：进口博览会的吉祥物主体形象为中国的“国宝”大熊猫，吉祥物取名为“进宝”，既有“进口博览会之宝”的含义，也是“进博”的谐音，还暗含着“招财进宝”的吉祥寓意。

“进宝”围着一条绣着进口博览会标识的蓝黄色围巾，黄色代表“丝绸之路经济带”，蓝色代表“21 世纪海上丝绸之路”，黄蓝色调体现了进口博览会与“一带一路”倡议的紧密联系。吉祥物手中所持的四叶草，既代表了进口博览会的举办地国家会展中心(上海)主体建筑的造型，又具有幸福幸运的象征意义。

【探究与实践】

1. 会展的定义是什么？
2. 会展行业获得发展的原因是什么？
3. 中国会展行业发展状况如何？

项目二　策划与会展策划

【情景导入】

第八届北方国际自行车展览会的策划依据和目标

第八届北方国际自行车展览会(2008 年 3 月 28—30 日举办)在党的十七大与国家“两会”胜利召开的背景下成功举办。北京奥运会的即将举办、滨海新区扩大开放以及推动天津经济社会快速发展的大好形势亦是本次展会成功举办的条件。当前，在世界能源和股市持续震荡的影响下，国内能源和原材料价格持续上涨，人民币汇率持续上调，出口退税率大幅度下滑，以及新劳动合同法规的实施，企业生产成本大幅上升，加上自行车市场趋向饱和，导致企业产销经营面临来自宏观和微观的重重挑战。

产业信息与市场信息：2007 年天津电动自行车整车生产企业已发展到 361 家，据不完全统计(总数中的 255 家)，2007 年天津自行车总产量达到 4053.65 万辆，占全国总产量 46%，出口量达到 1496 万辆；电动自行车总产量达到 649.17 万辆，占全国 1/3，出口 8.1 万辆。以上表明天津自行车产业抵御市场风险的能力已有所增强。另外，产品质量档次明显提高，高档锂电池电动车继续保持领先水平，说明天津电动自行车产品继续保持着物美价廉的竞争优势。根据上述的调研信息作为策划依据，来确定展会的主题与目标：紧紧抓住中国自行车发展的历史机遇期，突出“绿色、创新、开放、发展”的主题，并以“和谐、节约”为主线，按照“引导创新品质、推动整体提升”的基本思路，重点突出展会的国际性、广泛性、综合性。同时，坚持高起点、高品位地办好本届展会，为本地企业和国内外客商构筑交流交易的平台，使海内外客商充分展示形象、广泛交流、拓展市场，从而为天津以及全国自行车产业发展开辟了广阔的空间。

>> 任务一　了解策划与策划原则 <<

【知识目标】了解会展策划的含义并掌握策划的原则。

【技能目标】将会展策划的原则学以致用。

一、策划的定义

(一)策划的定义

有关策划的定义目前主要借鉴哈佛的《企业管理百科全书》的定义，即"策划是一种程序，在本质上是一种运用脑力的理性行为。基本上所有的策划都是关乎未来的事物，也就是说，策划是针对未来要发生的事情做当前的决策。换言之，策划是找出事物的因果关系，衡度未来可采取之途径，以目前决策作为依据。亦即预先决策做什么、何时做、如何做、谁来做"。

国内也有学者把策划归于管理职能，认为策划是以科学的、系统的、创新的、实效的原则，通过全方位的信息处理、智力运作和参与，对目标的所有资源进行重新整合和开发，以提高综合实力、实现利益优化的最终目标的一种管理职能。这个定义有些片面，在学科大类上策划从属于管理，但是从目前策划管理和方法的发展来看，策划越来越呈现出自身相对鲜明和相对独立的特点。因此，我们采用策划程序论的定义，而管理是保证策划方案实施实现的方法和工具。

(二)会展策划的含义

会展策划是对会展的整体战略与策略的运筹规划，是指对于提出会展战略和计划、实施并检验会展决策的全过程所作出的预先的考虑与设想。它是指充分利用现有信息和资源，判断事物变化发展的趋势，全面构思、设计，选择合理、有效的方案，以达到预期活动的目标。策划是一个综合性的系统工程，目标是起点，信息是基础，创意是核心。会展策划就是会展企业根据收集和掌握的信息，对会展项目的立项、方案实施、品牌树立和推广、会展相关活动的开展、会展营销及会展管理进行总体部署和前瞻性规划的活动。会展策划对会展活动的全过程进行全方位的设计并找出最佳解决方案，以实现企业进行会展活动的目标。

会展策划的原则是能够反映会展策划过程的客观规律和要求的、在会展策划活动中需要遵循的指导原则和行动准则。会展策划原则是会展策划客观规律的理性反映，无论是策划目标的确立和对策划问题的评估，还是策划方案的设计制作和实施，都必须依据会展策划原则进行指导。

二、策划的原则

现代意义的策划是指个人、企业、组织机构在充分的市场调查的基础上，遵循一定的科学方法或者规则，寻求实现目标的最佳可行性方案的创造性的思维过程。

(一)利益主导原则

依据亚当·斯密的“经纪人”的观点，利益是每个人、每个团体、每个阶级乃至整个国家所追求的目标，它是整个人类社会前进的动力。因此，人类的一切策划活动，实质上就是在谋求特定的利益以及潜在的利益，并为利益的实现合理配置资源。对于潜在的利益，策划者应考虑是否值得投入一定成本去实现潜在的利益。

这个原则又可称为双赢原则。双赢是指人与人之间或组织与组织之间以及国家与国家之间在进行合作时使多方受益的处理原则。双赢不能只从字面上将其理解为两方关系，而是多方受益。其中包括策划对象受益和策划者本身受益。策划对象受益，比如展览策划，就是要通过策划，为参展企业发展提供一套切实可行的方案，使企业在展览中获益。也就是说，策划必须有效果。策划者本身受益，如会展公司从事策划，往往是一种职业行为，专职策划是有报酬和收益的，会展公司获利越多，就越壮大。

总之，策划时要注意多方面的权益，要注意各方面的利益，损害哪一方，或哪一方没考虑周全，这个策划就不可能是成功的策划。近几年，双赢原则在处理外交事务中也常常被采用。当今社会竞争是主流，双赢等于共赢，策划中没有输家才是高明的策划。

(二)整体规划原则

依据系统论的观点，任何事物都可被视作一个系统。系统由次系统构成，次系统又由次次系统组成，如此不断循环。整体规划原则要求策划者应具有全局观、能从长期利益出发。一场成功会展的举行，从会前准备到会后的评估，包括会议场地的选择、食宿安排、出席者邀请函的设计与分发、会议期间的组织与管理等技术上的事项，所有这些事项是会展的组成部分。为了保证所有的客户都能满意，所有的事情都需要统筹规划，在有效的时间内用有效的方式来计划和协调。

(三)客观现实原则

以线路设计为例，策划者可能需要考虑下面三个问题。一是物质层面的问题。比如说设计从住地到会展地点的路线，从“效率”的角度出发，重点应当根据行程距离和所需时间，放在“两点之间最短的距离”上。二是政治方面的问题。在设计线路时需要考虑政治资源的获得或丧失等因素，例如从住地到会展地点间“最短的路线”，可能还应该包括因某些原因需要绕道而行。三是组织的问题。比如说，城市专家认为所选定的路线道路状况不佳，如果重新修建，一是不经济，二是不符合城市整体发展规划，因此决策者需要考虑城市专家的建议。

(四)切实可行的原则

成功的策划方案，一是应具备挑战性，二是应具有可行性和可操作性，应结合外部环境的变化和项目的自身状况，因人因时、因地制宜、量力而行。尤其是展览策划，因涉及十分具体的展览工作，该项工作需要一定理论的指导，但更要求务实的可操作性。

(五)灵活机动的原则

策划不是简单的排列组合，一项策划能灵活运用创新、准确、想象力与感染力等能力，才是成功的策划。

(六)周密性原则

由策划的内涵可知，会展策划工作需要对会展的诸多方面制订周密的计划并做出精心的安排。如果计划不够周密，安排不够周到，就可能给一个活动造成无法弥补的损失。

(七)整合原则

整合，就是将相关联或不相关联的事物联系起来，创造出新的价值绩效。整合是策划的一个重要原则，策划往往是一个系统工程，不是一个人能够完成的，也不是一件单独的事情，在这个时候就需要进行整合。随着社会化大生产的形成，社会活动日益复杂多样，活动规模、层面越来越大，相关事项也越来越多，策划活动所处理的数据资料也更多、更复杂，而策划活动的影响力也越来越大。这时，许多策划就不是一个人、一个单位能够完成的了，需要集中集体智慧或请各方面的专家共同参与才能完成，参加单位也需要组织好几个才能完成。这时，整合本身就变成了一个策划，怎样整合这些人和单位，怎样进行最佳搭配和组合，本身就需要策划。从某种意义上讲，整合就是策划。

【探究与实践】

请根据策划的几个原则，为学院的摄影艺术大赛设计一个策划方案。可小组合作进行。

>> 任务二　掌握会展策划的内涵、特点、作用 <<

【知识目标】掌握会展策划的内涵、特点及作用。

【技能目标】学会灵活运用会展策划的特点。

一、会展策划的内涵

会展策划是对会展进行管理和决策的一种程序，它是一种对会展活动的进程以及会展活动的总体战略进行前瞻性规划的活动。整套会展策划包含以下几个要素。

(一)策划主体

在企业内部，会展策划主体，是会展主办方市场开发部或策划部门。在企业外部，会展策划主体是专业的会展策划和服务公司。策划主体的素质直接影响着会展策划的质量水平。

(二)策划依据

对市场环境、产业和市场的发展现状及发展趋势、会展业同业及自身优劣势的深入全面的调研、分析与总结是做好策划的基础。

(三)策划目标

策划目标是指策划主体所期望的最终结果，它必须是在充分调研的基础上确立的。策划目标必须明确且可测量，这样才能评估其生存能力和生产能力。策划目标必须是可达到的，它必须能在一段合理的时间内以一个合理的成本完成。策划目标必须是现实的，能以可利用的人力和财力来完成。策划目标必须有时间限制。

策划目标既要考虑主办方及承办方的利益，也要考虑参展商和专业观众的利益，因此制定目标时要权衡三方的目标。一般来讲创办会展活动时要注意树立展览会的良好形象，确立该会展在国际和国内业界的地位，同时突出展览会主体在同行业中的优势和实力，对参展商和观众来说要使他们通过参加展会达到沟通产销、推动交流促进技术应用与发展、促成交易等目的。

(四)策划对象

一般会展活动举办流程包括会展市场调研、立项、策划相关活动、举办地点的选择与展区划分、会展营销、会展现场服务等环节和内容。策划对象可以是某会展活动的整个流程，即上述全部会展举办环节中的某一要素或几个要素，如立项策划中的主题、举办时间、办展机构，会展营销策划中的招展方案、招商方案等。

(五)制定具体实施方案

会展策划不是简单的排列组合，而是针对策划对象，在信息调研的基础上，为实现策划目标而设计的各种具有创造性的方案，包括设定具体的实施内容、方法、步骤、进度、控制与检验标准等。

(六)策划效果评估

当会展活动按策划方案完成以后就要对会展策划方案进行检验与评估。总结已完成目标的经验，反思未完成目标的原因等内容。因此在会展策划中，效果评估可以说是一项策划的终点工作，也是起点工作，它为以后的会展项目策划提供决策依据。

二、会展策划的特点

(一)针对性

会展策划是具有针对性的活动，它是会展理论在会展活动中的具体运用。在进行会展策划时，应首先明确会展活动应达到什么目的，它是针对什么问题而举办的会展。如某自行车展的策划，就要围绕自行车题材的上下游产业链和确定的主题(“绿色、创新、开放、发展”)来确定展品范围及招展和招商范围，并由此进行展区划分，策划相关主题的活动。

(二)系统性

会展策划是对整个会展活动的运筹规划，具有系统性的特点。

系统性表现在策划时要针对会展的各个方面各个环节进行权衡，通过权衡，使策划内容与企业目标特别是通过参展而实现的企业市场营销的目标具有一致性，使会展的产品、包装、品牌等方面保持统一性。系统性可以减少会展策划的随意性和无序性，提高效率。

(三)变异性

市场永远是千变万化的，会展策划也必须充分考虑市场的变化。例如，2020年突如其来的新冠肺炎疫情打乱了几乎所有的会展计划，大部分会展活动被迫取消或延迟，致使这两年会展业损失巨大。然而，这其中不乏灵活变通者，许多会展被安排在了线上。

(四)可行性

可行性是指会展策划方案依据目前和未来外部环境的变化，项目及企业自身资源可达到预期目的，方案在现实中是切实可行的。没有可行性的策划方案写得再优美也只是纸上谈兵。会展策划方案必须经过分析论证才能实施，分析论证策划方案的可行性，主要应该围绕策划的项目背景分析、目标定位、实施方案以及经济效益等主要方面。

三、会展策划的作用

会展策划是会展活动的灵魂，一个优秀的会展策划方案可以吸引广大参展商参展。会展策划对于展会项目的运营来说具有以下作用。

(一)战略指导作用

战略指导作用是指会展策划能为会展活动提供总体的指导思想。如在主题、规模、招展、招商及宣传推广等方面，策划部门都要事先提供指导。

(二)实施规划作用

实施规划的作用是指会展策划为会展活动提供了具体的行动计划，会展活动均要按照立项策划、相关活动策划、招展策划等相应的策划方案来实施，不得随意变动。

(三)进程制约作用

一个会展项目，尤其是一些大型的会展项目，涉及的工作千头万绪，涉及的部门机构及企业众多，各环节需环环相扣。因此，必须严格按照策划方案所提出的流程指示去工作，这样才能保证会展项目的顺利完成。

(四)效果控制作用

效果控制作用是指会展项目策划能预测、监督会展项目活动的效果。可以说会展策划既能对会展项目的最终完成效果进行控制，也能对项目策划案本身的可行性、合理性进行检验。

【探究与实践】

请根据具体案例，探究会展策划的作用。可小组合作进行。

>> 任务三 掌握会展策划的系统分析方法 <<

【知识目标】了解会展策划的环境因素、会展策划的流程以及会展项目的生命周期。

【技能目标】学会分析影响会展策划的因素，并掌握会展策划的流程。

一、会展策划的环境因素分析

与任何一种策划一样，成功的策划需要搜集信息，必须要对收集到的信息进行理性的分析和处理。对于会展策划来说，对行业环境的了解是重要的信息内容。因为会展策划和许多策划一样，首先需要明确目标。在确定目标时，一般主要考虑环境因素和自身的组织能力。环境是相对于组织而言的，凡是组织之外的都可以称为环境。这里有大环境和小环境之分，大环境是社会环境，是策划目标的背景，小环境是在实际确定目标时，所要考察的与组织具有直接联系的具体工作环境，是环境中与组织直接建立投入产出关系的那些部分。与此同时，社会对组织的要求和环境为组织提供的投入条件，是组织做目标策划时必须考虑的一个因素。但仅靠这个因素还是不能确定目标。为了确定目标组织，还必须考虑自身系统，即自身对环境投入的加工能力，与此相关的是自身能为社会做出多大贡献。会展策划中目标的锁定，需要在分析上述种种环境因素的基础上设立合理的目标。因此，会展策划应该从分析环境开始。

对于会展策划来说，对环境因素的考虑主要集中在会展的经营环境上。会展的经营环境不仅包括它本身对国家经济的影响，也包括政治环境，自然环境和技术发展等因素对会展业的影响。

(一)会展对当地经济的影响

每年总是有很多人去不同的地方参加会议，这些会议给旅游接待业带来非常大的促进作用。例如大部分与会者集中在会议所在地开会，需要就餐和休息，不仅直接影响着会议地和服务提供地的经济效益，也影响着当地餐馆文化、体育活动、观光旅游以及当地商店和交通设施等，这些从业人员都在向会议代表提供服务或出售商品，会议代表的消费带来的直接和间接影响渗透在会议举办地的整个经济活动中。会议组织者还可能与其他行业的供应商合作，比如食物和饮料供应商、印刷老板、文具商等。由于那些供应商以及他们的雇员都在当地生活消费，这些直接和间接的收入及消费也会对经济产生促进影响，并增加就业机会。

目前，会展业被认为是健康及可持续发展的行业之一，当然，政府支持是许多国家会展业迅速发展的重要原因。例如澳大利亚的会展业，每年为澳洲经济提供70亿美元的消费，近60亿美元归功于会议，其中大约10亿美元来自与会者的消费。会展业已被视为高产出行业，并且是消费外汇收入、投资以及就业的重要来源。

虽然说会展是能够带来巨大收益的行业，但是不同性质的会展，因为构成要素的不同收益也有差别。比如会议代表的消费能力是很重要的，研究发现，国际会议代表在住宿、会前和会后的旅游与购物等方面的花销要比国内代表多。也因此使得国际会议举办地的外汇收入增加。而且所有的会议代表团被认为是高消费的群体，即平均消费高于其他旅游团队。

(二)政治对会展的影响

国家的政策法规以及政府的支持等是影响行业发展非常重要的环境因素。澳大利亚会展业的发展充分说明了这一点。自20世纪80年代末开始，澳大利亚联邦政府和州政府发现了会展创造的经济效益和价值。20世纪90年代早期，联邦政府发现了澳大利亚会展行业，不仅具有巨大的发展潜力，而且具有对地区和国家经济做出巨大贡献的能力，于是政府积极推动国家会展业的发展，并制定了会展国家战略。他们首先明确了该行业的长远发展，以及对澳大利亚经济发展的巨大贡献战略——培育会展行业，使之成为国家的优势产业，其中包括首都的世界级基础设施的建设，具有专业技能的专业人才的培养以及安全环境的营造。该战略还探索了行业发展的障碍，并提出一系列克服障碍的措施，如鼓励对会议展览设施的投资与财政支持，为会展的与会者提供一类新的签证等。尽管 1996 年由于政府的变更，国家战略和其他旅游战略被撤销，但是国家战略仍在为行业提供一个基准和一个未来发展的蓝图。从那时起，国家战略中的主题继续被发展和加强。一些主题的会展被稳定地加以组织。

一个被普遍接受的观点是，如果政府通过基础设施以及设备等方式支持一个行业的发展，那么，这样做的结果是鼓励私有部门的投资以及金融机构对这些私有部门投资的潜在的支持。然而，对有关经济增长以及行业发展的数据信息的缺乏，会阻碍金融机构将资金投入一个他们认为高风险的行业。在澳大利亚，一个稳健发展的会展市场，再加上政府的推动力，如政府对基础设施设备的投资，对市场营销的资助信息数据的提供，都有助于市场的可信度的加强，减少了风险，鼓励行业的投资和发展，促进了会展行业的发展与成功。

(三)自然环境的影响

传统上会展行业是一个巨大的纸张以及纸制品消费市场，如打印会议材料，一次性会议和展览材料，一次性杯子和盘子等形式的纸制品。然而，采取保护环境的政策在全球开始被接受，现在越来越多的绿色会议和生态政策开始被倡导并被执行。例如，一些会议的组织者利用回收的轮胎制作会议的文件夹和代表们的徽章，有的会议组织者鼓励与会代表在森林里种植新的树木，以此作为一种演讲者的礼物或作为在一个地方参加会议的永久性的纪念。

目前，环保式的会展成为在全球范围内举办会展的一个共同趋势，会展组织者们和旅游组织制定了绿色方案，并且规定了绿色会展城市以及会展地点的等级标准。一些措施已经被推广应用到会展中，例如废弃物回收、减少对水电热能的消耗、循环用水以及空调照明的合理设置等。

(四)现代科学技术发展的影响

随着科学技术的发展，目前会展行业已开始利用新技术来组织会展。新技术对会展活动的影响不仅表现在用现代技术手段显示会议数据和信息，还表现在通过视频会议设备来组织不同类别的会议。在操作层面，会议组织者的办公室、会展注册、会展地点、促销及服务都普遍开始使用新技术。会议日记等传统的文件以及跟踪调查表格都被专业化的、相关的在线系统所取代。

会展组织者可以使用现成的软件系统，如利用综合会议管理系统，与互联网连接后可实现会议代表在线登录参加会议。使用这样的系统，对于会议组织者来说，可以用很少的成本甚至零成本就能向全球参加者分发登记注册表，而且还为会议组织者省去了将手写的登记表格输入计算机注册系统的录入过程，这样还节省了时间。

在展示会议材料时，传统的幻灯机和翻动卡片已被计算机制作的 PPT 文件所取代，互动式计算机技术和影像激光技术结合，利用大屏幕接收来自地球另外一端的信息，在一些专门建造的会议和展览中心，设计和运用影像、声音、图表、3D 元素和现场演讲与演示相结合的技术也很普遍。

利用科学技术进行交流，在国际上成为一种重要的会议交流手段。现在视频会议技术已不是新鲜事物，而是作为常用的工具在许多形式下被使用。例如利用会议技术可举办一个 10～12 人的异地会议，可以是国内的，也可以是国际的，这样使得交通的时间和成本都大大降低。在澳大利亚阿德莱德一个医学会议上，影像连接技术运用到医院手术室，与会者一边观看一个重要的手术，一边在手术教室与外科医生们进行讨论。

除了上述因素之外，对于行业发展前景的预测与把握也是影响会展策划非常重要的因素。比如会展产业未来的发展趋势是什么？面对国内外的竞争，会展行业优势、弱势分别是什么？会展行业要面对什么样的机遇和威胁？为了能继续发展和维持它在全球会展市场的竞争地位，会展行业必须克服什么样的挑战？对这些问题的解释，对于成功的会展策划者来说，是他们必须掌握的非常重要的行业知识。对行业发展的背景了解得越充分，分析就越准确，就越能够了解行业发展的机会与威胁所在，这些都是成功策划的前提。

二、会展策划流程分析

有效的会展策划意味着达到了计划目标，而计划的完成则取决于会展所有项目的支持，每一个项目又是通过在整个会展活动中承担不同责任的个人来完成的。

(一)确定目标体系

1. 制定总体目标

总目标是策划所要达成的目的的总体描述，它一般包含在策划问题之中。在会展策划中，总目标与其他子目标如具体目标、项目目标、实施目标有着密切的关系。锁定目标的过程，也就是首先要明确总目标，进而确定各项分指标，最后则要确定具体实施目标。

2. 确定总目标的根据

这主要有两个因素：一个是环境因素；另一个是组织者自身的能力。对总目标进行分解，可分解出许多子目标，将总目标中包含的各项子目标分解出来，并对每一项子目标再进行具体的规定，就能得到目标策划中的指标。从目标策划的程序来说，确定总目标是该程序的第一步，确定各具体指标是该程序的第二步。

由于指标比总目标具体，因而对指标的研究也比对目标的研究复杂。研究指标，包括分类指标、分期指标和分层指标等几个方面。在会展策划中，尤其要注意的是分期指标与分层指标的确定与完成。

分期指标是从时间跨度上确定的指标，一般分为长期、中期和短期三级，长期指标也就是全过程所要达到的指标，即策划确定的总目标。中期和短期指标是阶段目标。短期、中期和长期是属于同一过程的，因此，在确定分期指标上，无所谓哪一段更重要，真正重要的是短期、中期和长期指标在过程中的统一。

指标的层次性是从主次关系以及轻重缓急上来考虑的，其作用在于分清层次指标，才能安排任务的先后。会展活动的特点，使得策划中要求达到的指标常常包含许多方面，要想同时达到所有的指标是十分困难的。在一定条件的限制下，一定时期内要达到的各项指标可能互相有所冲突。因而策划者必须考虑各项指标的主次，要考虑哪些是必须完成的指标，哪些是可以缓一步完成的指标。

从组织的目标策划来说，总目标是立足于整个组织而做的策划，指标虽然有所分类，但基本上还是从整个组织来考虑的。为了达到各项指标并实现总目标，需要完成各项具体任务，所以需要将总目标和各项指标分解后分配到组织中的各个部门中，成为各个部门的实施目标。确定实施目标，也就成了目标策划的第三步工作。

实施目标就是指标的分解。将总目标分解为工作目标，组织的每一个部门的工作，也就有了具体而又明确的目的。实施目标是指组织中作业层的目标，具有局部性、短期性、具体性的特点。组织中的每一个层次和每一层次中的各个部门，都应相应地规定其工作目标，其实也就是规定组织中纵向分层与横向分工的各部门的求职要求。

从会展活动的角度看，会展策划就是从总目标到各项指标再到各部门的工作目标，纵向表现为目标的分解集合，横向表现为目标的协调组合，由此而构成会展活动。在整个过程中，需要协调各个部门的工作，合理分解总体目标，妥善处理主要目标和次要目标的关系以及短期目标和长期目标的关系。

(二)计划与分析

计划的关键在于准确预测未来的需求，确定目标，明确手段和目的之间的关系，明白需要获得哪些方面的协同帮助。计划的过程实际上是将目标具体到不同层面，并在不同类型的目标间形成联系。这一阶段的目标应该是明确的，可执行的。也就是说，目标的表述应该是具体的，有可操作性的，与策划的总体目标一致。

紧随着计划之后的，就是分析过程。项目的实施取决于对项目效果以及可能出现问题的预先分析，分析可供选择的方案、比较不同的方案可能引出的结果等都是分析的内容。分析能够使决策者考虑不同的方案，分析的目的在于及早发现问题，使策划中的决策在得出结果之前得到及时矫正，从而更为准确。

(三)实施

实施就是一系列旨在实现某一个项目目标的活动。其中，有三项活动尤为重要。

1. 组织活动，为实现项目目标建立或重组资源、部门以及方法。

2. 解释活动，将项目语言、策划的理念转换成为能被接受的、切实可行的计划和指示。

3. 运用活动，按照常规提供服务、支付费用，或提供其他达成共识的目标或手段。

三、会展项目的生命周期

对于策划者来说，会展活动项目的生命周期分为四个阶段。各个项目在生命周期的不同阶段，个体和资源会有所不同。在策划中，需要充分考虑项目的不同生命周期的特点，下面是一个模拟的协会类会议的项目生命周期。

第一阶段，项目概念形成阶段——判断是否需要一个项目。协会希望增加会员，并希望现有成员间有更好的沟通联络，因此该协会决定举办年会。因此，首先明确了需要一个会展组织者来组织和管理该次活动，接下来，若干个会展组织者手中会收到这个大会的纲要。

第二阶段，项目计划或设计——制定一个可行的解决方案。根据手中的纲要，会展组织者们需要准备并呈交投标书来申办该协会的年会。投标文件的准备可能要花几个星期甚至几个月的时间，这取决于会展的规模。在投标文件中，会展组织者可以列入他们的建议、大会的程序、对所需资源的预算成本的估计。在决定所要收取的费用时，会展组织者要考虑工作时间，这包括活动前会议、场地观察、接洽其他供应商和其他项目小组、现场沟通以及对活动的组织、还有组织活动评估。

第三阶段，项目实施或执行——实施项目。活动在这一阶段，分为两个步骤：活动前计划和组织，活动的操作和执行或活动的实施。一旦会展组织者有幸拿到活动承办权，并签订好协议，紧接着就要制订活动前计划。会展组织者要制订详细的计划以及时间表，确定供应商，向他们简要介绍情况，并进行其他诸如选择地点和绘制的工作。在这一阶段，各种资源如人员、材料、资金等都在不同的时间得到使用，并且使用的数量在不同阶段各不相同。比如，一个人如果擅长设计活动主题，那么他的创造性技术可以被用来设计大会的开幕式，而一个试听设备专家和电子通信专家，则可以被请来为主要演讲人组织一场卫星转播。对会展组织者来说，保证整个活动团队不同成员间的良好沟通，协调整合使其成为一个整体也非常重要。这包括不断更新与该协会的信息交流，经常联络各方人员，并且随着活动的进展，要增加与其他所有有关部门之间的联系。

当然，本阶段更重要的还是活动的操作和执行。因为，计划不付诸实践是不具有任何意义的。活动的实施是指通过对人、财、物、信息等资源的有效整合，将书面的计划转变为现实的过程。

第四阶段，项目完成和评估。随着活动的结束，需要做的就是收尾工作。会展组织者要支付所有供应商的费用，并为协会提供一份总结性的财务说明。整个活动要根据效率和效益进行评估，还要列出注意事项以改进今后的工作。会展组织者要做出一份与会者是否满意的评估报告，用来判断举办的活动是否达到或者超出了预期的目标。要从所有活动团队成员那里收集反馈意见以及如何改进今后工作的建议。

>> 任务四 了解会展策划方法 <<

【知识目标】了解会展策划的方法。

【技能目标】能够运用会展策划的方法进行会展策划。

一、创意策划法

在某一特定环境下，人们以知识、经验、判断为基点，通过亲身的感受和直观的体验而闪现出的智慧之光，可以很全面地提示事物或问题的本质，让人有一种假设性的觉察和敏感，这就是通常所说的灵感。灵感实际上是因思想集中、情绪高涨而突然产生的一种创造能力，即创意。任何创意的产生，都要在产生联想、假设的基础上，用大脑思考、分析、总结、归纳等，只有经过这样的反复论证才能产生新的创意，这个过程是智能放大的过程。智能放大在创意的实施与产生过程中是不可缺少的，同时也是关键所在。常用的创意方法有以下几种。

(一)头脑风暴法

头脑风暴法又称智力激励法，是一种群体策划方法，是由美国创造工程学家A. F. 奥斯本在1939年创立的，开始主要用于创造发明学上，后来逐步引入策划领域，成为重要的群体策划方法之一。

此法是让所有会展策划人员围绕某一会展策划议题，如会展目标、主题、举办地、时间、相关活动、会展项目推广策略等，进行交流获得创意的方法。此方法具有5大特征：一是集体创作；二是思考的连锁反应；三是延迟批判；四是创意量多多益善；五是不介意创意的质量，而是以量求质。现代很多策划创意均是集体思考或集体合作的成果。

(二)垂直和水平思考法

垂直思考法又称逻辑思考和分析法，是指按照一定的思考线路，在一个固定的范围内，自上而下进行垂直思考的方法，此方法偏重已有的经验和知识，通过对旧的知识和经验的重新组合而产生新的创意，能够在社会公众既定的心理基础上满足对创意的诉求，但在形式上难有大的突破，结果比较相似。

水平思考法是指在思考问题时摆脱已有知识和旧经验的约束，冲破常规，提出富有创造性的见解、观点和方案。这种方法的运用一般基于人的发散性思维，故这种方法又被称为发散式思维法。例如，某公司在招聘时要求面试人员在面前的纸上画一个三角形，用笔画一条直线，把三角形的三个顶点连接起来。虽然，这个问题用习惯的方法是解决不了的，但如果冲破常规，用比三角形更粗的笔来画，问题便迎刃而解。可见，只要思维是发散的，想象力便是无限的，策划方案的创新才能实现。

(三)跳跃联想法

这种思考方法是在收集会展策划创意时，为了找到令人惊异的构思，而在看似毫无关联的两个问题之间构想出特定关系的思考方法。这种方法是以跳跃的思维来产生联想，而并不把自己的思考点加以固定。例如，富兰克林的妻子在实验中不小心碰倒莱顿瓶，一团电火闪过而被击中倒地，富兰克林由此联想到了空中的雷电，他突破当时人们的传统观念，经过反复的实验，大胆地预测实验室中的电流和天空中的雷电具有相同的性质，靠的就是天才的跳跃联想。

(四)转移经验法

创意的转移经验法是指把一种知识或经验转移到其他事物上的思维方法。在进行经验的转移时，既可是同类、同质经验上的转移，也可是异类、异质经验上的转移。

二、德尔菲法

德尔菲法是指先由调查组织者制定调查表，采用函询、电话咨询、网络咨询等方式，咨询专家们的建议，然后由策划人做出统计。如果结果不趋向一致，就再征询专家，直至在专家们意见趋于一致的基础上做出统一的方案。因阿波罗有高超的预测未来的能力，而阿波罗神殿坐落在古希腊的德尔菲市，因此德尔菲便成为预测、策划的代名词，故称德尔菲法。

德尔菲法实施的一般流程为：先确定调查目的，拟定要求专家回答问题的详细调查提纲，并准备好向专家提供的有关背景材料，包括调查目的、期限、调查表填写方法及其他要求等说明。然后确定 20 名左右会展业或展会所属产业方面的理论和实践等领域专家，以函询、集中会议、电话、网络等方式向各位专家发出调查表，一般在 3～5 天内收回专家意见。最后对反馈的意见进行归纳统计，意见整理后再寄给有关专家。如此经过三四轮的反复，当专家意见比较集中后即可确定统一方案。

>> 任务五 掌握会展策划的内容和基本流程 <<

【知识目标】掌握会展策划的内容和基本流程。

【技能目标】运用会展策划的方法、流程进行会展策划。

会展策划是一项综合性的系统工程，它所涉及的内容是方方面面的。因为每一项策划行为都离不开市场，所以策划都必须以市场为导向，只有充分利用各种方式营造会展氛围，形成市场声势，同时利用各种关系和途径建立起庞大的展览营销网络，进行广泛的市场推广和招展，才能令目标客户前来报名参展。

会展策划的内容与流程如下。

一、会展的市场调查与分析

会展的市场调查是选择会展项目的根据，它是会展策划的基石，一般情况下市场调查要根据本地区、本区域的经济结构、产业结构、展览设施条件、交通状况等特点，围绕市场进行调查。市场调查的主要内容包括会展项目调研、会展的主题调研、会展参观人数的调研、环境影响调研等，还要考虑重点发展中的行业、政府扶持的行业等。

总之，在瞬息万变的市场中，如果没有科学的市场调研和预测作为先导，会展的策划、运作就很难达到预期的目的。

二、会展的决策与计划

决策对会展的成败起决定作用，通常影响会展决策的要素有市场条件、媒体条件、设计条件等。会展的决策与计划应从分析决策的要素入手，首先确定会展的基本目标、集体目标及管理目标，然后决定会展的战略安排、市场安排等。

三、会展的运作与实施

会展的运作与实施是进行会展的中心环节，也是会展策划的重心所在。在这个阶段，会展策划人员需要根据计划进行广告宣传工作；组织招展招商工作、会展设计工作以及会展相关活动策划等。在这个阶段，要根据实际需要将工作分为具体的类别，应协调好各类别工作之间的关系，责任落实到人，并定期检查工作的进度及质量，及时进行动态修正，保证会展的顺利举办及会展目标的顺利实现。

四、会展效果的评估与测定

会展效果的评估与测定是全面验证会展策划实施情况及检验会展策划实施效果

是否达到预期效果的关键环节。当整个会展策划、实施工作结束后，会展人员应该及时进行评估，总结经验、找出问题，并写出评估测定工作总结报告，为以后的会展工作提供可借鉴的参考资料及数据，从而提高会展策划的水平。

会展评估测定工作一般可以分为以下两个方面。一是对会展环境、会展筹办工作及展后工作等的评估，这一部分工作应在会展结束时完成。二是对展台工作及会展前台工作进行评估，这一部分内容比较复杂，需要先在会展结束时进行评估，然后在会展的后续服务过程中跟踪评估。

【探究与实践】

1. 通过前面的学习，我们对会展策划的概念、特点、原则、方法及会展策划的内容和基本流程有了一个较全面的了解。请根据自己的理解，描述什么是会展策划。

2. 如果由你及你的团队来策划一个图书展，你会通过怎样的策划吸引更多的参展商和观众？

模块二　会议与会议策划实务

项目一　会议与国际会议

【情景导入一】

2019 中国北京世界园艺博览会隆重举行

2019 年中国北京世界园艺博览会在北京市延庆区举行。本届世园会是继 1999 年昆明世园会、2010 年上海世博会和 2018 年上海进博会之后，我国举办的级别最高、规模最大的国际型博览会。这次世园会以“绿色生活，美丽家园”为主题，旨在倡导人们尊重自然、融入自然、追求美好生活。

北京世园会作为专业类世博会，共有 110 个国家和国际组织、120 多个非官方参展方相聚于北京。世园会的目的是为了能够让每个人感受到人与自然、植物以及园艺的关系。本届世园会除了开幕式、开园活动、中国馆日、闭幕式等活动，还有国家日、荣誉日、省区市日、花车巡游等世界民族民间文化荟萃的特色活动，以及专业论坛、国际竞赛等园艺专业活动。此次世园会有 60 多个国家和国际组织在会期开展文化活动，使世园会成为多种文化艺术形式和多元国际文化相交融的文明对话平台。

展会名称：2019年中国北京世界园艺博览会
展会时间：2019年4月29日—2019年10月7日
展会地点：北京市延庆区
主办单位：中国政府
承办单位：北京市
展会主题：“绿色生活，美丽家园”
展会官网：http://www.horti-expo2019.com/

世园景点

四馆一心：国际馆、中国馆、植物馆、生活体验馆、演艺中心。

世园十二景：永宁瞻胜、万芳华台、同行广场、丝路花雨、世艺花舞、山水颂歌、千翠流云、芦汀林樾、九州花境、海坨天镜、墩台寻古、百松云屏。

国际展园：阿富汗展园、阿塞拜疆展园、巴基斯坦展园、比利时展园、朝鲜展园、德国展园等。

国内展园：北京园、天津园、河北园、山西园、内蒙古园、辽宁园、吉林园、黑龙江园、上海园等。

企业展园：克劳沃展园、顺鑫展园、北京世园会央视动画馆、金花苑展园、盛世润禾榆树文化园、北京建工展园等。

大师园：日本—桃源乡里忆乡情；英国—百花铺出“新丝绸之路”；美国—“东西园”和而不同的“东方与西方”；荷兰—“时光园”共赴一场时光之旅；丹麦—传统与现代碰撞下的“Yuan”。

特色展园：百果园—硕果的海洋；百蔬园—创“艺”农场，乐享家园；百草园—赏百草园艺，品健康生活。①

【情景导入二】

CHINA INTERNATIONAL IMPORT EXPO

中国国际进口博览会

举办地点：国家会展中心(上海)

主办单位：中华人民共和国商务部、上海市人民政府

合作单位：世界贸易组织联合国贸易和发展会议、联合国工业发展组织等国际组织

承办单位：中国国际进口博览局、国家会展中心(上海)有限责任公司

2017 年 5 月，中国国家主席习近平在“一带一路”国际合作高峰论坛上宣布，中国将从 2018 年起举办中国国际进口博览会。

举办中国国际进口博览会是中国政府坚定支持贸易自由化和经济全球化、主动向世界开放市场的重大举措，有利于促进世界各国加强经贸交流合作，促进全球贸易和世界经济增长，推动开放型世界经济发展。

全景博览

① 资料来源：https://www.maigoo.com/news/519589.html，选入本书时有改动。

展会亮点

1. 中国市场巨大，消费和进口快速增长

中国拥有全球最多的人口，是全球第二大经济体、第二大进口国和消费国。目前，中国已经进入消费规模持续扩大的新发展阶段，消费和进口具有巨大增长空间。未来五年，中国将进口超过 10 万亿美元的商品和服务，为世界各国企业进入中国大市场提供历史性机遇。

2. 上海优势突出，辐射全国效果明显

上海地处长江三角洲经济区，区位优势突出，经济实力雄厚，服务行业发达，具有配置全球资源的能力。上海港集装箱吞吐量连续七年位居世界第一，空港旅客吞吐量超过 1 亿人次，航班网络遍布全球 282 个城市。

3. 展会规模盛大，配套活动丰富精准

首届中国国际进口博览会有 100 多个国家和地区的企业参展。进口博览会举行供需对接会、行业研讨会、产品发布会等配套活动。

4. 多种措施并举，保障服务全面高效

进口博览会主办方将提供通关、检验检疫等方面的便利措施，长期提供线上线下一站式交易服务，加大知识产权保护力度，保障客商权益。

5. 采购需求强劲，专业采购商数量众多

进口博览会主办方将以中国各省、自治区、直辖市为单位，组织各地企业到会采购，同时邀请第三国客商到会采购。国内外专业采购商达到 15 万家。①

随着社会的不断发展与进步，国际会议已日益成为世界各国进行交往和联系的一种重要形式，在国际社会致力于解决共同关心的问题中，占据越来越突出的地位。作为会展业的重要组成部分，大型会议特别是国际性会议在提升城市形象、促进市政建设、创造经济效益等方面具有特殊而重要的作用。

课堂活动

结合生活实际，组织学生以小组形式收集整理近年来我国举办的大型会议，由此展开课堂讨论。

>> 任务一　了解会议及会议类型 <<

【知识目标】了解会议及会议类型。

【技能目标】通过学习，对不同的会议有较为明确的概念。

会议是人们为了解决某个共同的问题或围绕共同的主题，聚集在一起进行信息

---

① 资料来源：https://www.ciie.org，选入本书时有改动。

交流或聚会、商讨的活动，往往伴随着一定规模的人员流动和消费。

一次会议的利益主体主要有主办者、承办者和与会者(许多时候还有演讲人)，其主要内容是与会者之间进行思想或信息的交流。

一、什么是会议

会议是指至少三个以上的人在特定的时间、地点聚集在一起，就共同关心的问题进行交流和讨论，以达成相互间接受的解决办法或基本共识的活动，开会的主要目的是信息分享与达成协议。它有别于三言两语地交换意见，也有别于海阔天空地漫谈，更不同于街头巷尾的议论。从古至今会议形式各异，难以计数。现在，会议已成为一种重要的交流方式。

会议是具体会议策划的主体，不同的会议，有不同的参加者、目的及内容。不同的会议主办者，对会议的规格、目标等也有不同的要求。所以，成功的会议策划离不开对策划主体的了解与定位。只有这样，会展策划才能为一个会展活动的目标与方针策略提供个性化的服务。

二、会议分类

(一)会议类型

根据会议参加者、目的以及内容的不同，会议有两种基本类型：会议与研讨会。

1. 会议

(1)大会(assembly)

大会是指一个协会、俱乐部、组织或公司的全体正式会议。参加者以其成员为主，其目的在于决定发展方向、政策、内部选择，同意预算、财务计划等。所以，大会通常是在固定的时间、地点定期举行的，也有固定的会议程序。

(2)年会、例会(convention)

年会是会议领域常用的字眼，它指就某一特定的议题展开讨论的聚会。议题可以涉及政治、贸易、科学或技术等领域，年会通常包括一次全体会议(general session)和几个小组会议。年会可单独召开，也可以附带展示会(exhibition)。多数年会是周期性的，常见的周期是一年一次。年会的内容通常包括市场分析报告、介绍新产品和筹划公司策划等。

(3)专门会议(conference)

专门会议几乎与年会相同，通常有许多与会者参加讨论并参与活动。年会(convention)这一字眼常被贸易界用于一般性的会议，而专门会议(conference)常常是科技界使用的术语，贸易界也使用这个词。因此，两者没有实际意义上的区别，仅仅是不同惯用语而已。专门会议的议题通常涉及具体问题并就其展开讨论，可以召开分组会，也可以只开大会。

(4)代表会议(congress)

代表会议一词常被欧洲人和国际性会议使用。在性质上，代表会议是与专门会议相类似的活动，并且，这一词在美国通常被用来指称立法机构。代表会议的与会者数量通常参差不齐。

2. 研讨会

(1)讲座(lecture)

讲座是一种比较正式或者说组织较为严密的活动，通常由一位专家单独做示范，会后有时安排听众提问。讲座规模的大小不定。

(2)论坛(forum)

论坛的特点是反复深入的讨论，一般由小组组长或者演讲者来主持。与会者的身份均要求先被认可，其过程一般由一位主持人(moderator)主持，有不少听众参与其中，分别由小组组长和听众提出各种各样的问题并讨论。两个或更多的发言人可以就各自的不同意见向听众而非对方，进行阐述，再进行反复的讨论，最后由主持人宣布结论。

(3)专题学术讨论会(symposium)

专题学术讨论会是由某一领域内的专家构成的集会，他们就某一特定主题请专家发表论文，共同就问题加以讨论并给出建议。专题学术讨论会参与人数较多，会期在 3 天左右，开展方式比论坛更为正规。典型的特点是一些个人或者专门小组要做示范讲解，一定数量的听众会参与讨论。但是相对论坛而言，会议中较少有观点和意见的交流。

(4)研讨会(seminar)

研讨会是指一群(10～15 人)具有不同专业，但有共同特定兴趣的专家，借由一次或一系列的聚会，来达到训练或学习的目的的会议。与其他类型的会议相比，研讨会通常有充分的参与性，在这一点上，与那种有一个或多个主讲人站在讲台上向听众示范的模式不同，而是由一位主持人(discussion leader)协调各方。研讨会适用于相对小型的团体。

(5)讨论会(workshop)

讨论会要求各小组参加全体会议，就专项问题或任务进行讨论，参加者互教互练，交流知识、技能以及对问题的见解。讨论会的特点是所有与会者都能充分参与，大家面对面地活动，讨论会常被用来进行技能培养和训练。

(6)讨论分析课(clinic)

讨论分析课常用于培训项目，就某一课题进行指导和操练。形式基本以小组为主。

(7)静修会(retreat)

静修会通常是小型会议，一般在边远地区召开，其目的要么是为了增进了解和友谊，要么是集中进行策划工作，要么纯粹为了“躲清净”。

(8)座谈(panel discussion)

有一位主持人主持，由一小群专家为小组成员(panelist)针对专门课题进行座谈。小组成员之间、主要发言人与组员之间都要进行讨论。

(9)会议(meeting)

上述被解释的词汇代表了大同小异的会议种类。当一个活动找不到更恰当的词来冠以名称时，人们就会简称之为“会议”(meeting)，它的含义很广泛，是各种会议的总称。

(二)各类主办者的会议

会议通常都是由主办者举行的，主办者是一个对出资举行会议的组织的统称。主办者分三种，公司和协会代表了两种会议主办单位，第三种会议主办者为非营利机构，如政府机关、公众团体等。

1. 公司主办者(又称为雇主主办者)会议

他们为自己的雇员和其他相关的人举行会议，如客户、股东、代理、分销商和总代理等。

2. 协会等会员主办者会议

遍布全国甚至遍及世界的协会是常见的会议主办者，其中有许多是国际性协会，他们为自己的会员举办会议，虽然与会者通常并不局限于会员，但会议的核心是会员以及组织的目标和任务。协会因人数和性质不同而互不相同。他们的规模从小型、中型地区性组织到全国性协会乃至国际性协会不等。协会有行业协会、专业或科学协会、教育协会、技术协会等几种大的分类。

(1)行业协会

行业协会被认为是会议业值得争取的市场，因为协会的成员多为业内成功管理人员。协会类的会议常常与展览结合举行。

(2)专业或科学协会

在专业科学界，每一种专业都有自己的全国性学会以及各地的分会。它们举办会议的历史由来已久，会议议题涵盖的范围广泛。

(3)教育协会

教育协会的成员往往是小学、中学、大学老师以及其他学术机构的成员。他们定期举办许多全国性的会议。

(4)技术协会

技术专业也有自己的协会，很多专业，都会有至少一个协会组织，如在美国，专业摄影师每年召开全国大会，多数州都设有分会并且举行自己的年会。

3. 非营利性机构主办者会议

有许多非营利性机构不能归入上述任何一类，然而就会议而言，我们经常能够在电视镜头中看到这些机构主办的会议。例如，许多政府部门需要在异地召开本部门人员会议或者公众会议。还有一些公众团体，虽不是传统上的会议消费大户，但也倾向于举行非营利性公共研讨会。

>> 任务二　了解国际会议 <<

【知识目标】了解国际会议的含义、分类及举办的意义与条件。

【技能目标】对举办国际会议能提出自己的想法。

一、国际会议的含义

随着社会政治、经济、文化等事业的发展，不同国家之间、不同国家与地区之间以及不同地区与地区之间的交往日益频繁，国际会议越来越受到各界的广泛关注，国际会议通常指有不同国家的代表共同出席的会议。依据中国国际会议推展协会的定义，国际会议应当具备的条件：第一，参加国际会议的国家至少含两个主办国；第二，与会人数需 50 人以上；第三，外国与会人数需占总人数的 20%以上；第四，国际会议的形式多种多样，无固定形式。

与国际会议相对应的是国内会议，它是同一国籍者的会议，而不论该会议所在地是国内还是国外，也不管所讨论的问题是本国的还是外国的。

二、国际会议的起源

国际会议的雏形始于政治会议，距今已有两千多年的历史。在西方，公元前 8 世纪出现的《荷马史诗》记载了希腊各邦之间举行会议、讨论战争或媾和的情况。但具有现代意义的国际会议是 1648 年的威斯特伐利亚会议。这次会议签订了合约，结束了欧洲各国长 30 余年的宗教战争，开创了通过国际会议解决争端的先例。19 世纪，国际会议日趋频繁，成为国际活动的重要组成部分。

随着资本主义工业革命的发生，世界资本主义进入一个全盛的发展时期。国际会议越来越成为各方协调关系、解决问题的重要手段。当前的国际会议与早期相比已发生了重大变化，如会议主题由政治问题为主，演化为政治、经济、社会问题并重；会议参与者由以双边为主转向以多边为主；并且，国际会议的参加者也不再为职业外交官所垄断，各个领域的专家越来越多地成为国际会议的主角。

三、国际会议的分类

(一)按照地理范围划分

按照地理范围划分，国际会议可分为世界性会议、区域或地区会议、次区域会议等。

(二)按照会议层次划分

按照会议层次划分，有国家元首会议、政府首脑会议、部长会议、高级官员会议等。

(三)按照参加会议者所属国籍

按照参加会议者所属国籍是两个还是三个，可分为双边会议和多边会议。

(四)按会议周期

按会议周期，可分为特别会议、例行会议和定期会议。

(五)依据性质可以将国际会议划分

依据性质可以将国际会议划分为企业界与非企业界会议。非企业界会议包括国际性政府组织的会议与国际性非政府组织会议，企业界国际会议可分为公司类与协会类两种。

1. 公司类国际会议

此类会议极其重要，是会议市场的主要组成部分并且发展迅速。如果把这种会议的总数比作冰山，那么我们所知道的仅仅是冰山一角而已。其种类有销售会、新产品发布会、分销商会议、专业会议、技术会议、管理层会议、培训会议、奖励会议等。

2. 协会类国际会议

这类会议的组织者是众多的遍布全球的各类协会，由于协会的人数和性质互不相同，造成协会类国际会议的规模从小型地区性、全国性乃至国际性不等。行业协会类国际会议目前被认为是会议业很值得争取的市场，因为协会的成员多为业内成功管理人员。

四、举办国际会议的意义与条件

国际会议起源于欧美发达国家。举办国际会议的意义深远：第一，它是国际间专业上继续学习、了解最新发展动态的有效途径；第二，它是建立城市外交、专业网络的较佳方式；第三，它是城市外交、行销城市的最佳方法；第四，它是检验多元化与交流的最适合的场所；第五，它还是检验城市发展的最佳途径。由于国际会议的重大意义，因此对于举办国际会议的城市要求也较高，可分为对软件和硬件两方面的要求。软件包括社会政治、治安条件；城市发展经验与策略；城市在文化、意象、环境等方面的特色；人力资源的国际化条件；制度方面的开放性与市场化能力；语言、口译、设备、电脑等相关专业能力国际化水平；对于国际事务、事件的了解及参与程度等。硬件包括城市资源与基础设施(一般至少要求达到三合一，即会议中心、机场、旅馆；条件好的应实现五合一，即会议中心、机场、旅馆、购物中心、剧院)；行政支援、资源与效率等。

五、国际会议的现状

目前，各大洲举办国际会议的数量排名是欧洲、亚洲、北美洲、南美洲、大洋洲、非洲。各国举办国际会议的数量排名是美国、英国、德国、澳大利亚、西班牙、法国、荷兰、意大利、日本、加拿大。各大城市主办国际会议的数量排名是伦敦、马德里、巴黎、维也纳、悉尼、斯德哥尔摩、里约热内卢、阿姆斯特丹、巴塞罗那、赫尔辛基、新加坡(后三个城市并列第9位)。而亚太地区各国举办国际会议数量排名为澳大利亚、日本、以色列、韩国、泰国。

在经济迅速发展的时代背景下，中国已经成为全球主要的会议参展国和举办国。就现阶段来讲，中国会展业始终在进步和发展，已经逐渐成为会展强国，相信在不久的将来，中国会展业会发展得越来越好。

【探究与实践】

1. 简述国际会议的定义。
2. 简述国际会议的分类解释。
3. 简述国际会议的世界排名情况。
4. 简述国际会议的发展形式。
5. 以小组为单位，调查当地会展业的发展现状，分析当地会展业的发展趋势。

项目二　国际会议的策划与管理

【情景导入一】

会议总是与城市紧密相连，两者无法分割，从原始社会到奴隶社会再到现代社会，随着生产力的快速发展，会议规模、形式都发生了翻天覆地的变化。对于那些名字比较固定的、著名的国际会议，人们在传播的时候还是习惯性地把举办地信息加进去。比如"日内瓦会议""巴黎和会""万隆会议"等。ICCA 每年发布的国际会议城市排名中常见的城市为：米兰、莱比锡、巴黎、纽约、洛杉矶、东京、首尔、中国香港、北京、上海、广州等。

【分析】试分析一个城市能够成功举办国际会议需要哪些要素。

一个城市想要成功举办国际会议，主要基于设施要素、服务要素和吸引力要素等。设施要素主要包括：交通设施、会议展览及餐饮设施；服务要素主要包括：政府服务、会议专业服务；吸引力要素主要包括旅游与文化、产业、科研、教育等。

【情景导入二】

乌镇展望 2019

2019 年 10 月 20 日至 22 日，第六届世界互联网大会在中国浙江乌镇召开，来自全球 83 个国家和地区的政府代表、国际组织负责人、互联网企业领军人物、专家学者等 1500 余名嘉宾出席大会，围绕"智能互联 开放合作——携手共建网络空间命运共同体"的主题，从科学与技术、产业与经济、人文与社会、合作与治理等方面，深入交流研讨，分享实践经验，贡献思想智慧。高咨委全体委员经深入讨论一致同意于会议期间发布《乌镇展望 2019》，向国际社会阐释我们对网络空间现实发展和未来前景的看法。

这次盛会对大力发展互联网、积极治理互联网、推进互联网持续稳定繁荣发展有重要意义，能够使互联网更好地造福世界、造福人类、造福未来！

【分析】试分析如何策划一次盛大的国际会议？

首先，会议的主办方应该明确，"会议"是一场"思想的盛宴"，必须根据会议的目的采用科学的方法和技术给参会者带来观点的碰撞和智慧的交融。其次，对于会议内容和形式的策划一定要对具体的执行方案有深入的思考，具有可行性、有创意、有新意。

会议组织者发起一个国际会议，从最初的策划到会议召开，至少需要两年的筹备时间。根据国际会议的工作流程，国际会议策划可分为三个阶段：会前准备阶段、会议实施阶段、会议结束阶段。

>> 任务一　国际会议的市场分析 <<

【知识目标】了解国际会议的市场特点、市场经济效益以及影响市场竞争力水平的要素。

【技能目标】掌握提高国际会议市场竞争力的措施。

随着社会经济、政治、文化的进步和发展，会展业逐渐成为国与国、企业与企业之间沟通的桥梁。进入20世纪90年代之后，新业态、新技术、新产品、新体验开始融入新时代会展业中。因此大型国际会议的举办日益频繁，规模也变得越来越大。大型国际会议不仅能够带动会议举办地的交通、餐饮、宾馆、旅游、娱乐等产业的发展，而且通过举办大型会议，举办地还可以自信地展现自我，与参会者共享人类文明成果，活跃地区经济，增加外汇收入。

【知识链接】

博鳌亚洲论坛

博鳌亚洲论坛就是专门为亚洲商界领袖、政界要员和专家学者提供的一个高层对话平台。

经过多年的发展，论坛成为各界人士探讨、了解亚洲宏观经济形势、政策走向、行业动态以及重大社会和民生问题的首选之地，每年吸引着世界各地逾千名政府领导人、商界领袖、知名学者和媒体代表。各商界优秀人士聚集在博鳌，可以在讨论会上直接对答，也可以借此机会安排私下会晤，对关心的商业问题交流看法、建立伙伴关系甚至是达成实质性的商业合作协议。来自博鳌的声音，正在亚洲发挥越来越大的作用和影响力。①

【分析】试分析为何博鳌亚洲论坛的影响力这么大？

首先，博鳌亚洲论坛的成功举办加速了区域一体化的进程，推动了贸易自由，加快了区域内经济发展。

其次，博鳌亚洲论坛促进了我国领导人与来自其他国家领导人的交流和接触，使国家之间增强了政治互信，深化了经贸合作。

最后，海南作为博鳌亚洲论坛的永久会址，被全世界认识、了解。世界的多元文化和海南当地的文化融合发展，共同推动世界文明发展，这将为海南留下一笔宝

① 潘宏：《博鳌亚洲论坛：推动亚洲区域整合的国际平台》，载《商场现代化》，2008(13)。

贵的财富。

一、国际会议的市场特点

国际会议的参会者来源更为广泛，探讨的问题也更为全面，更具有国际性和全球性的特点。随着地球村的形成，世界这个大家庭正向同一个生活圈发展，所以除了以国家、地区为单位的交流与合作大大增加，非政府机关、民间团体等的联系和合作也日益频繁。国际会议产业逐渐成为高附加值产业，所以世界各国都在争取举办更多的国际会议。

国际会议协会(ICCA)，是国际会议领域最具影响力的行业组织，它每年发布的国际会议全球国家及城市排名是国际上引用率最高的会议产业数据。ICCA 对“国际会议”概念作了界定，一个典型的“国际会议”至少需要具备以下三个条件：一是在三个以上国家巡回举办过；二是会议规模超过 50 人；三是定期举办(不包括一次性会议)。所以“国际会议”应该包括三个方面：一是国际政府间的会议；二是企业举办的国际性会议及活动；三是国际协会类机构举办的年度会议。

国际会议有以下几个主要特点。

(一)国际会议并不完全受市场法则支配

国际会议的组织者大多属于非营利性机构，其举办会议的主要目的是为会员服务，实现收益往往被放在第二位，因此不完全受市场法则支配。

(二) 国际会议居于会议市场的顶端

国际会议往往是该行业或领域内较具影响力、规模相对较大、嘉宾规格较高的会议。国际会议是世界各国、各主要城市相互竞争申办的核心会议类型。很多国际知名会议拥有超过 100 年的举办历史，已经成为名副其实的品牌性会议。它们拥有全球领先的运作理念，能够提供给参会者多重参会价值和丰富的参会体验，因此一直居于会议市场的顶端。

(三)国际会议专业性更强

国际会议往往具有参会者来源复杂、嘉宾规格较高、活动安排高度叠加等特点，因而其从前期的策划与营销、申办与竞标，会中的接待与服务等，都需具有更强的专业性。专业性的会议给人的感觉就是轻松、自然，因此在国际会议中无论是活动设计与组织，还是演讲方式、演讲内容，都能给人以举重若轻之感，从而达到寓教于乐的效果，给人留下轻松美好的记忆。

二、国际会议的市场经济效益

从市场运行的角度分析，国际会议市场能够带来可观的直接经济效益和间接经济效益。城市作为会议举办地，是供应方，它们能够为国际会议举办提供各种便利条件。国际会议组织者是需求方，由它们来选择目的地、设施及服务，一般看来，供应方比较被动，而需求方手握选择权，主动性会比较强。但在实际工作中，供应方与需求方是相互需要的。

(一)直接经济效益

1. 拉动消费

国际会议能够拉动城市消费。其对消费的拉动主要体现在：一是总体消费层次高。与会者往往需要住在星级酒店、有高端的餐饮、专业的服务等；二是会期长。国际会议的会期一般在3～5天，如果再加上会前会后的参观、考察、旅游等，很多参会者都会在目的地停留一周左右；三是延伸消费多。参会者除了会议相关的消费之外，在目的地的交通、购物、娱乐、旅游等方面的消费，比普通旅游者高出很多倍；四是与国内会议相比，国际会议的平均参会人数更多，一般会达到700～800人(来自ICCA统计数据)。

2. 增加会议举办地的税收

国际会议的举办不仅可以带动当地居民和相关产业的收入，而且政府的税金收入也会增加。

3. 推动优势产业发展

国际会议的举办应该与目的地的发展相结合、与当地的产业发展相结合，这不仅有利于举办地，而且对于国际会议也是一件好事——包括给组织者带来更多收入，给参与者带来更加丰富的内容和更多的实践机会等。

4. 改善投资环境，推动城市经济发展与国际接轨

大力发展国际会议有利于东道国引进外资，改善经济发展环境。通过举办大型的国际会议，各国商家不仅可以更直接地、充分地了解举办国的投资环境，吸引他们向该地增加投资，而且将有助于加深政府跟国内外团体之间的了解和交流。

(二)间接经济效益

1. 提升城市美誉度

国际会议能够提升城市魅力，在举办国际会议前一般会进行大规模的环境治理，能够改善当地的自然生态环境。举办大型会展活动是一个十分庞大的系统工程，是对主办城市全方位的考验。这一考验会使政府工作更有效率、人们更热情、社会更加包容和谐，而这一切都能大大提升城市的美誉度。

2. 有助于完善城市基础设施建设

一个城市想举办大型国际会展，必须具备良好的基础条件。举办者在取得了会展举办权之后一定会投入大量资金对城市的交通、会展设施、通信设施等进行建设，从而使城市功能得以充分发挥。

3. 有利于完善政府服务

一般而言，国际会议是需要政府提供相关服务的，主要包括备案手续、资金支持、场地支持、申办支持、落地协调等。这就需要调整政府服务内容，为国际会议落地提供更多有实际意义的帮助。

4. 弘扬当地文化

国际会议的举办可以促进世界多元文化的融合，为参会者带来特别的文化和旅游体验。参与者鉴赏异国异地传统文化、追寻文化名人遗迹或参加当地举办的各种文化活动等，不仅能促进各种文明在会议举办地交流碰撞，消除沟通障碍，扩大共识，而且能更好地弘扬当地文化。

三、影响国际会议市场竞争力水平的要素

成功举办国际会议的城市有很多，将这些城市进行对比，会发现有很多要素影响国际会议的市场竞争力。通过归纳总结全球国际会议的经验，可以将这些要素划分为设施要素、服务要素和吸引力要素。

（一）设施要素

1. 交通设施

在现代社会中，交通设施对人类和整个社会的生存和发展起着重要作用，它是促进经济活动有序进行、推进经济发展的前提条件。一个成功的国际会议离不开基础设施的不断发展和完善。交通设施作为重要的基础性设施，是国际会议发展的重要先决条件。只有交通便利，国际会议才有落地的可能。交通对于国际会议来说，就像人体里的血管，交通畅通无阻，国际会议才能健康发展。我们需要考虑航空、陆路交通、水路交通通达城市的数量与频次、主要的会议展览场馆附近的公共交通、地铁通达情况等。良好的城市交通管理系统，直接拉近了各城市间的距离，有利于国际会议市场竞争机制的培育和完善，为城市社会经济的发展提供良好的市场环境。便利的城市交通，有利于吸引与会者参会。

2. 会议展览及餐饮设施

人本主义的理念和专业的服务宗旨是当今国际会议发展的主要趋势。在经常举办国际会议的地点齐全地配备餐饮、银行、保险、清洁卫生等设施，吃、喝 、玩、乐一应俱全，参会者不仅可以进行信息交流，还可以充分享受人生乐趣。现代化的通信设备，与会者可以进行高效通信联络，国内外许多会展中心都实现了智能化的音、视频服务，系统通过大型屏幕、室内有线电视、信息检索终端和 WiFi 网络为观众提供服务，会议大厅为召开国际会议而配备多种语言同声传译系统，及有线和无线通信系统，使人们能够及时进行通信联络，方便现代国际活动的开展。

(二)服务要素

1. 政府服务

首先，政府应该为会议组织者提供必要的协调服务、资金支持等。随着国际会议市场经济的不断发展以及竞争者的不断增多，政府要真正认识到国际会议对于当地经济发展和品牌化提升的重要性，应在资源有限的条件下尽可能地向会议的相关组织者提供必要的服务。

其次，政府应该大力推进技术进步。在知识经济时代，谁掌握了高科技产业，谁就站在了历史发展的制高点。一个国家的产业结构升级和优化速度的快与慢，不仅能体现该国的经济社会发展水平和现代化的速度，而且更能体现该国在未来激烈的国际会议市场竞争中是否有持续发展的后劲。

最后，政府应该加快保护环境的速度。对于环境保护，政府负有不可推卸的责任，绿水青山就是金山银山。环境优美、空气清新、生态环境良好是国际会议顺利落地的强化剂。

2. 会议专业服务

有专业的会议服务公司，能够为国际会议提供相关服务，主要包括以下相关服务。

(1)会场预约服务：根据周围的环境和国际会议的要求，选择会议举办地；确定会议是否将被分成若干个分会场，根据不同的会议议题选择分会场的地点，并做好提前预约工作。

(2)会场布置、设备安装调试服务：根据国际会议的具体情况，设计并安排会场的布局，精心周到地设计所有细节；另外，根据会议需要提供设备，并提前进行安装调试，确保会议顺利进行。

(3)设计制作印刷材料服务：根据国际会议的相关要求，准备好会议材料。

(4)参会者的接送服务：根据参会者的具体情况以及人数多少安排相应的车辆。

(5)参会者的餐饮服务：根据参会人员的喜好，预定卫生、干净的餐饮。

(6)参会者业余时间的安排服务：根据参会人员的喜好或要求，为其介绍下榻酒店附近的娱乐设施，提供不同的休闲娱乐活动、旅游线路等。

(7)翻译服务：会议翻译是非常重要的一环，要依据会议的需求提供专业的翻译服务。

(三)吸引力要素

1. 旅游与文化

文化是旅游的灵魂，是加快旅游发展的精神动力；旅游是文化的载体，是提升文化魅力的重要依托。国际会议的举办能够推动文化与旅游的深度融合，对于加快转变经济发展方式、促进经济结构战略性调整、增强国家文化软实力具有积极意义。而知名文化旅游品牌不仅是吸引国际会议举办的重要战略资源，更是推动与会者与当地的文化与旅游深度融合的重要引领力量。

2. 产业、科研、教育等

大部分的国际知名城市一直都在极力争取国际会议落地举办。而产业、科研、教育等是争取举办国际会议的优势要素。产业的革新、科技革命的发展、教育的普及，一方面可以通过高技术含量产品向全世界扩散来推动国际社会分工，另一方面能够为世界经济市场的形成提供物质技术基础，促进企业商品、人员、技术、资本和货币的跨国流动，形成国际商品市场、劳务市场、技术市场以及资本市场和货币市场。

四、提高国际会议市场竞争力的措施

(一)与国内协会类组织保持密切合作是申办更多国际会议的基础

一般而言，国际会议落地大多需要国内相应协会的协助，比如申办、竞标、办理申报手续等。因此，发展国际会议，通常离不开国内相关协会、学术团体、科研机构等的支持。

(二)与国内知名的国际会议公司合作是保证更多国际会议落地的关键措施之一

一般而言，国际会议申办、竞标、落地执行等，都需要专业PCO(会议公司)的参与。主办者与国内知名的国际会议公司保持联络，并为其提供一系列支持和服务，鼓励他们将相关会议推荐到本地。

(三)制定国际会议激励政策，将可能的国际会议落地的机会放大

对于能够落地的国际会议给予一定的补贴或激励。国际会议本身不是营利性机构举办的，如果能够享有一定的补贴会大大增加举办地的吸引力。

【知识链接】

中国国际会议数量较低的原因

中国国际会议数量较低的原因至少有以下几个方面。

一是中国在全球各类协会组织中处于劣势地位。国际会议重要类型之一是国际协会类组织的年会，年会在哪里举办，与该协会领导层及会员的来源国家有直接关系。在这方面，我国处于明显的劣势地位：全球知名国际协会类组织的总部几乎都不在中国，在会员方面我国的优势也不大。

二是我国国内在国际会议申办环节还存在政策、协调、工作方式等方面的问题。首先是协会管理模式。国际会议落地中国首先需要国内相关协会或学术团体提出申请，这是第一步。由于协会管理模式、国际会议申报等方面的原因，我国的协

会类组织在国际会议申办方面的积极性并不是很高；其次是城市的资金支持方式等。可以肯定的是，大多数中国城市都愿意为国际会议落地提供一些经费方面的支持，但由于国际会议申办特点，多数城市资金支持的方式很难解决国际会议落地的痛点——前期申办经费问题。由于申办的是几年之后的国际会议，眼下的账目很难与财政资金管理模式相对应。再说，申办有成功也有失败，失败了更不好办；第三是中国城市的国际知名度问题。很多中国城市虽然在国内很有名气，可在国际上知名度并不是很高。

三是中国城市与国际知名城市在国际会议方面的竞争优势还需要再提升。这些年，中国城市建设了很多先进的国际会议展览中心、国际品牌酒店，这很有必要，但只靠这些基本设施是远远不够的。国际会议到中国来，希望得到更多资金补贴——一方面是因为协会类机构的经费一般都不是很充足，另一方面是中国主要城市的场馆租金、酒店住宿及餐饮费用等都比较高。但大多数国际会议组织者考虑的不止这些，他们更希望让与会者有更大收获。那么，除了资金之外，国内相关的行业组织、城市有关政府部门以及会议公司、场馆等，还应该做更多有价值的工作。

>> 任务二　学习国际会议策划 <<

【知识目标】了解国际会议策划各个阶段的策划内容。

【技能目标】掌握国际会议策划的步骤。

一、会前准备阶段的策划

(一)确定会议的主办单位，承办单位和支持单位

1. 会议的主办单位

主办单位是指会议的发起单位，必须具有法人资格，并且能够承担相应的法律责任。大型的国际会议可以同时有多个主办单位，但是要明确各个主办单位在举办国际会议时所承担的义务和享受的权利，并有书面的材料备案。

2. 会议的承办单位

承办单位是指具体推进会议工作实施的单位。主办单位应该选择有能力和有经验的机构作为会议的承办单位，确保会议的成功。主办单位和承办单位之间要有书面委托合同，规定所委托的项目和所支付的费用。

3. 会议的支持单位

为了提高会议的权威性，在我国组织国际会议时，会议组织者往往将许多政府部门作为会议的支持单位，有时候为了提高会议的影响力，还会邀请一些国际组织和外国机构作为支持单位。但无论邀请哪些部门作为会议的支持单位，都必须事先得到这些部门的书面同意。

（二）确定会议的专业内容

1. 会议的大会主题和分组会议的专业议题

国际会议的大会议题应该主要围绕本学科领域内国际上最有代表性的科研成果或是未来发展趋势，这是该领域内所有学者最关心的问题，也是最容易吸引他们参加会议的因素。分组会议的专题要涵盖该学科领域中的次要课题，范围应该广泛。

2. 明确该会议对科学技术发展和国民经济建设的促进意义

一个成功的国际会议的内容，必将会对科学技术发展和国民经济建设产生极大的促进作用，因此在初期确定会议专业内容时就应该本着这个原则安排，避免所举办的国际会议只是泛泛地空谈，从理论到理论，而不能解决任何实际问题。

（三）确定会议的中文和英文名称

国际会议的名称应该与会议的内容相符，英文名称的表达应该准确无误，使人一目了然地了解会议所涉及的学科领域。为了能够吸引更多交叉学科和相关学科的人员参加，会议名称涵盖的学科范围可以适当放宽一些。

（四）确定会议的举办时间

1. 避免与国内外同类型的大型国际会议衔接过紧。
2. 要尽可能避开旅游高峰期和节假日。
3. 不宜轻易改动确定的会议时间。

（五）确定会议的举办城市

1. 应首选会议组织者所在的城市

国际会议的首选城市应该是会议组织者所在的城市。会议组织者对该城市的各方面条件比较了解，便于寻找适合该国际会议举办的会议中心或饭店，并方便和会议场址机构进行面对面的联系和沟通。选择会议组织者所在城市的另一个好处是能节省一大笔差旅费用。

2. 口岸城市有利于国外代表参会

会议组织者必须选择其他城市来举办国际会议时，应首先考虑将会议安排到交通便利的口岸城市，这些城市和世界上很多大城市之间都有直通的航班，便于代表安排国际旅行。口岸城市的另一个好处是便于国外代表出入境，且便于来自国外的会议资料和展品入关。选择口岸城市除了具有上述优点外，会场、饭店和旅游等其他各方面的条件也比较好，容易满足国际会议的各种要求。

3. 可以考虑选择历史名城或旅游城市

一般性国际会议，会议组织者有时将国际会议安排到一些历史名城或旅游城市举办，这也是一种不错的选择，取得了良好的效果。安排会议时，一定要注意时间的选择，尽量避开旅游的高峰期。

(六)预估会议的规模

会议的规模大小不同，申报的程序也不完全相同。会议组织者可根据是否能邀请到国际一流的专家做大会的特邀报告，会议代表的注册费和住宿费用的多少，以及参考其他国家举办同类型国际会议的人数等，预估出参加本届国际会议的规模。

(七)衡量会议预算能否做到收支平衡

1. 立足于利用注册费保持国际会议的财务平衡

国际会议的预算比较简单，因为国际会议的收入主要来自代表交纳的注册费，因此只要预估注册费用是否能够涵盖会议的全部支出，能够做到以会养会、收支平衡、略有结余即可。

2. 是否还有其他的经费来源

由于相关机构发起的国际会议为了吸引更多的代表参加会议，注册费的标准都比较低，单凭会议的注册费可能无法保证收支平衡。会议组织者一定要努力争取获得其他的经费来源，如旅游收入和企业的赞助等。有时也可考虑举办一个小型的展览会。必须获得政府部门资助部分经费的，一定要有充分的理由。

(八)确定会议附设展览

与企业联系密切的学科在举办国际会议时，会议组织者可以考虑在会议期间举办一个小型的展览会。邀请一些科研水平和产品在本学科领域中处于国际领先地位的公司、厂家参展，展出他们最新的科研成果和产品，用以吸引国内外专家和学者前来参加会议和展览。这样既可以扩大会议规模，又可以收取一定的展览费用，增加会议的收入。

二、会议实施阶段的策划

现在的会议越来越需要高度专业化的管理方法，在会议实施阶段，策划工作需要完成以下几点。

(一)编制会场手册

一般实施会议前要准备一份会议手册，既可以发放给与会代表，也可以留给会议工作人员。应明确会场手册的权威性，只有一定级别的负责人才有资格对会场手册做出调整。会场手册是一份操作手册。在国际会议中，涉及不同国家的参会人员，应该有不同版本的会议手册。

(二)设立信息中心

信息中心可以提供实时服务、个性化服务，当然，信息中心要采用恰当的方式，安排好相应的工作人员，对紧急情况也要有相应的处理程序。

(三)建立指导委员会

指导委员会与策划委员会是不一样的，指导委员会是在策划委员会领导下指导具体工作的机构。指导委员会的工作内容主要包括：确定指导委员会的目标，选择指导委员会的成员，确定指导委员会的工作标准，提高指导委员会的工作效率和作用。

(四)促进会议日常交流

会议期间加强会议交流常用的办法有：制作新闻简报、设立公告牌、发布日常新闻、在会议活动中发表声明等。

三、会议结束的策划

会议结束后，会议接待人员还要做好与会人员的离返工作，让与会人员顺利平安地返回其所在地。具体要做到以下几个方面。

(一)预订返程票

在会议报到登记时，应要求预订返程票的与会人员填写返程方式、时间、航班或车次等内容，会议接待人员应及时与有关部门联系订票事宜。在会议即将结束时，会议接待人员应把预订的返程票交到与会人员手中，并确认无误，做好钱票交割手续，同时根据与会人员的返程时间做好返程送行的安排。

(二)会议费用的结算

会议接待人员在安排与会人员返程的同时，还要准确、及时地结算与会人员的会议费用。结算时要做到出具会议期间各项费用的明细表，多退少补，开具正式发票等。

(三)合影留念

一般情况下，会议结束后可安排全体与会代表合影留念。

(四)告别欢送

与会人员离会时也一定要热情欢送。

(五)清理会场

会议结束后，要清理会场，将其恢复到和使用前一样的状态。在检查会场和房间时，若发现与会人员遗忘的物品和文件，要及时通知归还。

【知识链接】

会展策划方案八步攻略

要策划一场成功的大型活动需要经历以下步骤。

第一步：要参阅大量过往的案例

看方案，是策划人需要掌握的，主要包括项目类别、时间、地点、人物等；同时，还要留意组织单位的优点、弱点以及方案的完全性、创新性、科学性等。如果只看到了表面而没有深入思考设计的原理，就非常难进入第二步。

第二步：组方案

组方案就是组合方案，结合第一步的观察根据自己正在策划的项目，进行元素组合。

第三步：议方案

议方案指具体的专家组或组织方领导，根据项目发展需求结合国家相关法律法规、行业前瞻性导向等对项目进行可行性分析论证，对于项目内容、定位、规模、主题、组织结构、产业影响等进行论证。

第四步：创方案

创方案是会展策划人真正的创意工作，根据专家组的建议与相关领导的批示，以及对项目的整体框架与设计的基本掌握，很快就可以形成初案。

第五步：分方案

分方案是指当整体方案汇报完成后，就需要对总方案进行分解。

第六步：验方案

验方案指大型会展活动方案的具体实施执行，也是对策划者策划能力的具体考核。根据参展商或参会者报到情况、成交情况、成本情况等，判断会展策划的成功或失败。

第七步：评方案

评方案即评审评定方案。根据媒体反馈、参展者或参会者问卷调研、观众到会数据、项目成交情况、社会效益等进行绩效评定。

第八步：变方案

这种改变，也被称为二次创意。

【知识链接】

国际会议产业发展历程

纵观国际会议产业发展的历程，可以分为以下三个阶段。

第一阶段——从19世纪末到第二次世界大战结束的酝酿时期。这一时期，北美地区很多城市成立了自己的会议局，与会议产业相关的一些国际行业组织也在这一阶段相继成立，比如国际协会联合会(UIA)于1907年成立、国际会议局协会(IACB)于1914年成立等。但总的来说，这一阶段国际会议产业的运行体系尚未健全。

第二阶段——从第二次世界大战结束到20世纪70年代的快速发展时期。这一时期，国际会议产业相关行业组织全面发展起来，发达国家以城市为基础的会议产业运行模式逐渐成熟，会议产业作为现代服务业的一个重要组成部分开始在社会经济发展中充当重要角色。这一时期成立的国际会议产业相关行业组织有数十个，知名的主要有：1949年成立的会议产业理事会(CIC，前身为The Convention Liaison Council)、1957年成立的专业会议管理协会(PCMA)、1963年成立的国际会议协会(ICCA)、1968年成立的国际专业会议组织者协会(IAPCO)、1972年成立的会议专业人员国际组织(MPI)以及1973年成立的国际奖励旅游管理者协会(SITE)等。这一时期国际会议产业的发展主要集中在欧美国家。

第三阶段——20世纪80年代至今的全面发展时期。1981年亚洲会议与旅游局协会(AACVB)的成立，标志着亚洲会议产业的兴起以及国际会议产业开始在全球范围内全面发展。亚洲最先发展会议产业的是日本、新加坡、韩国等经济比较发达的国家，中国大陆地区会议产业起步较晚，大约从21世纪初中国改革开放进入新的发展阶段开始，到目前为止约20年的时间才开始起步。中国会议产业虽然起步较晚，但发展速度很快。随着中国经济的高速发展以及中国国际地位的进一步提升，中国会议产业在国际会议产业发展中的地位必将越来越重要。但从目前全球会议产业发展情况看，美国会议产业在国际会议产业总体发展中仍然占有举足轻重的地位。

国际会议产业的发展历程表明，无论是在萌芽时期，还是在后来的快速发展、全面发展阶段，美国会议产业始终引领着国际会议产业发展的潮流。

【探究与实践】

一、填空及选择题

1. 国际会议的主要特点是(　　　　)、(　　　　　)、(　　　　　)。

2. 国际会议的直接经济效益包括(　　　　　)、(　　　　　)、(　　　　　)、(　　　　　　)。

3. 国际会议的间接经济效益有(　　)。

A. 提升城市美誉度　　B. 完善城市基础设施建设

C. 完善政府服务　　D. 弘扬当地文化

4. 影响国际会议市场竞争力水平的要素有(　　)。

A. 设施要素　　B. 服务要素

C. 吸引力要素　　D. 内部要素

二、判断正误题

5. 交通运输系统对人们生活水平的提高、娱乐文化活动等方面的发展都起着重要的推动作用，大大方便了交流活动的开展。(　　)

6. 会议也开始由“体验型会议”向“任务型会议”转型升级。(　　)

项目三 国际会议的服务规范

【情景导入】

2019年5月28日至6月1日，2019年中国国际服务贸易交易会(简称“京交会”)在北京盛大举行。作为京交会的主会场，国家会议中心以更高规格的标准化服务为升级版的京交会保驾护航。

5月31日下午，2019京交会服务示范案例交流会暨颁奖典礼在国家会议中心大宴会厅C厅举办，国家会议中心在众多参评案例中脱颖而出，荣获“2019年中国国际服务贸易交易会中国服务实践案例”大奖。据了解，自第四届京交会开始，京交会组委会组织开展服务示范案例遴选活动，累计遴选了百余个服务示范案例项目在京交会平台展示分享、宣传推广，对于树立行业新标杆、增强中国服务品牌的国际影响力、引领服务行业创新发展发挥了良好的促进作用。2019年京交会继续举办该活动，共设有中国服务实践案例、科技创新服务示范案例、发展潜力服务示范案例、业态创新服务示范案例、国际化战略服务示范案例五个奖项，其中，中国服务实践案例首次设立奖项，与国家会议中心同获该奖项的还有支付宝(中国)网络技术有限公司、北京首都国际机场股份有限公司、顺丰科技有限公司、中粮我买网投资有限公司、中国国际航空股份有限公司等十家国内知名企业。

国家会议中心坚持首善一流的标准，让来自世界的嘉宾感受专业、细致、独一无二的“国宾级服务”。京交会期间，120多场论坛及110多场推介洽谈活动精彩纷呈，干货满满。5天的京交会，国家会议中心会议的翻台次数达254次，单日最高翻台量42次，涉及69个会议室的需求。会议室的布置整齐划一，对每一个细节都进行了严格而标准的打磨……国家会议中心团队再一次演绎“工匠精神”，展现了首善一流的“中国服务”，将场馆国际交往平台效应发挥到极致。

>> 任务一　了解国际会议服务流程与内容 <<

【知识目标】了解国际会议接待流程，掌握国际会议服务内容。

【技能目标】能够结合所学知识，规范完成各项国际会议服务的具体内容。

一、常规国际会议接待流程进度表

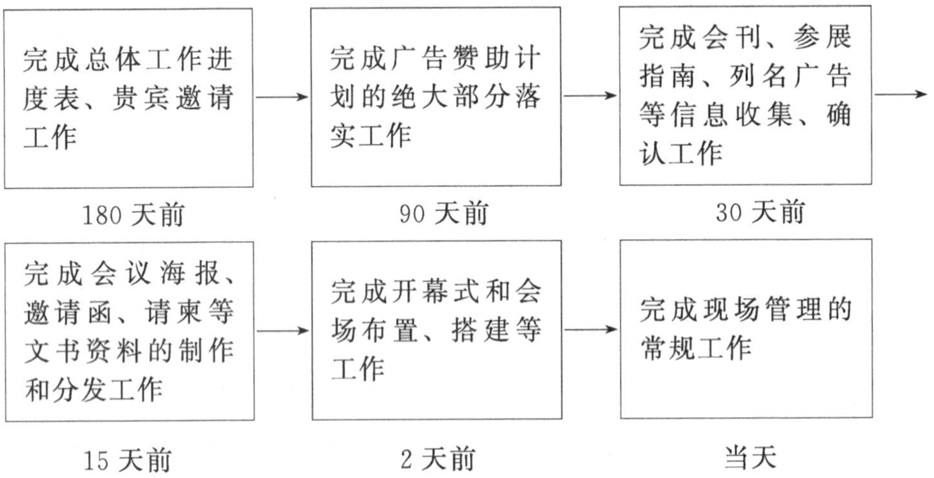

1. 安排预演

包括贵宾接待、开幕式、现场表演等。

2. 会前检查

和会议举办场地专项负责部门召开“进场会议”，分别检查贵宾室、会场、新闻中心、客房等场所的准备工作，提出整改意见。

3. 迎接贵宾和演讲者

- 细分配备翻译、随从；
- 接机服务；
- 入住签到；
- 新闻发布会；
- 出席会议的安排；
- 会后考察。

4. 现场记录

会议期间的所有发言、问答等必须由专业的工作人员进行现场录音、摄像，至少需要做好笔录，为将来的会议筹备做好存档工作，以备查阅。

5. 分发资料

在会议举办前的三天，组委会秘书处会收到所有赞助商、参展商、发言代表等机构或个人提供的资料，同时秘书处应该将整个会期的日程安排、会务接待、与会细则、代表证等文字资料连同上述资料一起放在为各参会代表准备的会议资料袋里。这项工作具体而繁琐，工作量相当大，一旦出错会直接影响会议的举办质量。主管人员必须本着认真负责的工作态度，保质保量地完成，因为细微之处往往体现会议组织者的经验和专业水准。

6. 传递信息

会议期间会出现很多无法预料的变更事项，比如日程安排的变更、发言代表的变更、分会场地点的变更、代表专车的变更等，会议的组织方和接待方必须依靠丰富的经验和专业的服务将会议信息及时、准确地传递给对方。

7. 应急处理

任何大型国际会议的接待过程中，都经常会出现各类因变更引起的应急事项，很多都是无法预计到的麻烦事情。这就要求会议组织方凭借多年的应对经验和专业的工作人员根据现场判断，随机应变地解决困难。

二、国际会议服务内容

以下所罗列的内容是一次国际性会议的举办要素。

(一)邀请演讲人

1. 会议主题与演讲内容；
2. 演讲的时间长度；
3. 是否需要声像设备；
4. 演讲人的背景、照片、演讲提纲；
5. 在印有演讲人姓名的材料中使用何种头衔；
6. 会后是否需要安排旅游，是否有配偶随行；
7. 交通、食宿、酬金等费用。

(二)选择会址

1. 大会议厅的规模，场地是否可隔断区域；
2. 专题研讨或分组讨论的分会议室的数量和分布；
3. AV 音响、声像设备；
4. 同传设备和同传翻译；
5. 贵宾室、休息室、餐厅；
6. 举办开幕式和告别晚宴的场所；
7. 商务设施、复印、打字、传真、电子邮件等；
8. 接待大型会议的经历和经验；
9. 场地租金。

(三)选择入住饭店

1. 饭店与会场的距离；

2. 各种标准齐全的客房，包括单人间、双人间、套间、豪华套间等；

3. VIP 的住房及其他接待条件；

4. 饭店的餐饮、娱乐、健身设施；

5. 能够预留的客房数；

6. 能够给予会议的优惠价、季节性降价；

7. 预付金和其他费用。

(四)会议厅

1. 会议摆设(剧院式、课桌式、马蹄式等)；

2. 通风、供暖、空调、防火设施；

3. 足够的灯源、插座、开关；

4. 讲台、演讲台、屏幕(尺寸、背投)、无线广播系统、录音系统；

5. 声像设备、投影仪(胶片投射、高倍投射)、幻灯机、闭路电视、等离子屏幕、大屏幕同步放映；

6. 备份加长线、灯泡、转换插座、遥控器、麦克风；

7. 多声道同传设备(同传间、主机、耳机)；

8. 专业声像设备操作人员；

9. 所有线路固定在地面上，最好预埋在地毯下面；

10. 任何角度都能看清屏幕(注意柱子、吊灯、顶高)。

(五)餐饮

1. 与餐饮部、宴会部经理商定事宜；

2. 用餐方式：自助式还是桌餐式；

3. 午餐要清淡、简便(自助式为主)；晚餐要隆重(中餐为主)；

4. 特殊客人如素食者、有宗教禁忌的客人等；

5. 西式与中式混合，以给客人较多的选择余地；

6. 用餐人数。

(六)咖啡、茶点供应

1. 供应咖啡的地点；

2. 咖啡供应地的摆设；

3. 不含咖啡因的咖啡；

4. 食糖替代品；

5. 中国茶和西式茶的区分；

6. 软饮料；

7. 有人服务的酒吧；

8. 通知酒吧的开始与关闭的专人；

9. 饭店在指定时间提供服务的要求。

(七)宴会安排

1. 桌位摆放、主桌和客人用餐排次；

2. 简短的餐前致辞；

3.(与宴会经理商定)菜单；

4. 是否上香槟、葡萄酒、白兰地；

5. 是否供应特例菜；

6. 服务员特殊着装；

7. 向女士提供装饰胸花；

8. 礼品、赠品；

9. 菜单、节目单；

10. 娱乐、歌舞、民族特色表演；

11. 主题宴会和环境布置(见相关链接：国际会议的宴席安排)；

12. 付费方式。

(八)会议通知

1. 第一次通知：会议的主题、目的；主办、协办、支持和赞助单位；建议性注册费及包含内容；预定的演讲人及题目；会议的重要性。

2. 第二次通知：确认地点、会址、饭店、日期；注册费金额及内容；会议日程；演讲人确认情况；会前/会后旅游，当地旅游资源简介；配偶活动安排；注册表(个人情况、预订饭店、客房标准及间数、特殊饮食要求、付款方式、抵离日期)。

3. 第三次通知：最后确认日程；全部费用；注册费及广告大样截止日期；演讲人及演讲题目；注册台开始工作的日期和地点；会议组委会办公地点；机场接送班车时间表；对已付费者带银行汇单影印件的提醒。

(九)会议预算

1. 收入。注册费、展场摊位费、赞助、利息、广告(如在文件包上做广告)。

2. 固定支出。印刷费、主讲人费用、交通费、音响设备、办公费、注册区租金。

3. 可变支出。邮政、电话、中场休息的茶点、午餐、告别晚宴、礼品、文件包、会后旅游、会议期间交通等费用。

【知识链接】

不同服务方式的西餐宴会摆台

西餐服务方式按照不同的国家可以分为多种，比较流行的服务方式有美式服务、英式服务、法式服务等。根据不同的服务方式，摆台也有差异，下面我们分别简单介绍一下。

(1)美式服务摆台

在座位的正前方，离桌边约 2 厘米处摆放餐盘，盘上放餐巾花；在餐巾左侧摆放餐叉和沙拉叉，叉齿向上，叉柄距桌边 2 厘米；在餐巾右侧摆放餐刀，刀口向左，接着摆放汤匙，再摆放咖啡匙，刀柄及匙柄距桌边约 2 厘米；在餐叉前面摆放面包盘；在面包盘上右侧摆放一把黄油刀，刀身与桌边平行；以餐刀刀尖为基准摆放水杯或者酒杯，杯口先向下倒扣摆放；随后摆放糖缸、胡椒瓶、盐瓶或者烟灰缸等。

(2)英式服务摆台

在座位的正前方桌边 2 厘米处摆放餐盘，盘上放餐巾花；在餐巾左侧摆放餐叉及鱼叉，叉齿向上，叉柄距桌边 2 厘米；甜品匙及汤匙依次摆放在鱼叉右侧，匙柄距离桌边约 2 厘米；在餐巾左上方摆放面包盘；在面包盘上右侧摆放一把黄油刀，刀身与餐刀平行；水杯及酒杯摆放在汤匙上方，杯口向上。

(3)法式服务摆台

在座位正前方距离桌边约 2 厘米处摆放餐盘，餐盘上放置餐巾花；在餐盘的左侧摆放餐叉和沙拉叉，叉齿向上，叉柄距离桌边约 2 厘米；在餐盘的右侧摆放餐刀，刀口向左，刀柄距离桌边约 2 厘米；在餐刀右侧摆放汤匙，匙柄距离桌边约 2 厘米；将面包盘放在沙拉叉的左侧，盘上右侧摆放一把黄油刀，与餐刀平行；在餐盘正前方摆放甜品匙及甜品叉，匙在上方，匙柄向右，叉在下方，叉柄向左；以餐刀刀尖为基准摆放红酒杯，红酒杯的右下方摆放白酒杯，左上方摆放水杯，杯口向上摆放；随后摆放糖缸、胡椒瓶、盐瓶。

【探究与实践】

如何成为一名合格的国际会议专业服务人才？

>> 任务二　了解国际会议服务要素 <<

【知识目标】掌握国际会议规范服务的其他因素。

【技能目标】能够结合所学知识，完成国际会议所涉及的宣传策划、专业观众组织等各项工作。

要想举办一次成功的国际会议，除了要了解前面论述的流程与服务内容外，还必须精心做好如下工作。

一、国际会议的资金筹集和运转

按照国际惯例，如果是由某国际协会、机构或组织所举办的国际会议，其费用一般由该组织和举办国的当地政府共同出资完成；如果是由某企业为主办单位、政府部门和国际机构为支持单位的国际会议，其费用一般由该企业集团自行筹集。资金的筹集方案有多种，除政府和企业出资部分外，通过广告赞助形式募集资金是主办方通常采用的手段。

资金的运转方案必须由主办方专门设计，并交由组委会讨论通过。“开源节流”是有效使用会议资金的普遍原则。

二、国际会议的宣传力度

首先需要说明的是，有一小部分国际会议属于专业性很强或技术含量很高或政策性很强的会议。此类会议只需要专门的代表参加即可，根本不需要任何的媒体宣传，因此，应以其他方式对待。

通常意义的国际会议具有良好的国际效应和社会效应，会议的举办国都会利用这一机会，加大对自己的正面宣传的力度。宣传力度决定了举办国民众关注程度，也为广告赞助任务的完成提供了必要的协助。一般的主流媒体，包括报纸、电视台、电台、门户网站等都应根据政府和主办方的对外口径进行及时报道。

三、国际会议的赞助商

(1)秘书处要搭建一个精干、专业的广告赞助部的工作班子，该部门应被赋予充分的权力和灵活的政策，以发挥他们的人脉资源和社会关系。

(2)制作完成广告赞助手册，将提供给客户的各类优惠待遇和条件形象清晰地罗列，便于客户制作赞助方案。

(3)广告部和宣传部必须保持紧密合作，在筹备阶段的中后期发起新一轮宣传攻势，抓紧落实主要赞助商，且对已承诺的回报必须兑现。

四、国际会议专业观众的组织工作

国际会议不像公众咨询活动，其目标观众群体是特定的，有一定的专业性，组委会必须设定专门的信息发送渠道来有效组织专业观众。这是一项具体而细致的工作，发放信息只是第一个步骤，接下来的层层环节都需要去跟踪落实，这才是工作关键所在。专业观众的数量与质量是主办方承诺赞助商的重要条件，也是会议专业程度的衡量标准之一。

五、会议的会刊制作、发放及会议总结工作

(一)会议的会刊制作与发放

会刊内容的质量是检验会议内容的标准之一，所有组委会的情况介绍、发言贵宾和与会代表的信息、赞助企业的产品说明等都应详细列明。会刊内容要求图文并茂、信息准确，有较强的利用价值。

会刊应发放到各与会代表及组委会各相关机构手中。如赞助商新闻机构有需求也可提供给他们。

(二)会议总结工作

会议的总结工作非常重要，在及时总结本届国际会议的得失的同时，展望下一届会议的筹备工作，会议总结起到承上启下的作用。

1. 对为本次会议的成功举办做出贡献的单位和个人给予表彰。
2. 秘书处对财务收支情况汇报陈述。
3. 对会议所取得的成绩进行通报并进行新闻发布。
4. 对下次会议进行必要的部署和预先报道。

【知识链接】

国际大会及会议协会(International Congress & Convention Association，ICCA)，创建于1963年，总部位于荷兰阿姆斯特丹，是全球国际会议最主要的机构组织之一，包括会议的操作执行、运输及住宿等各相关方面的会议专业组织。

ICCA在全球拥有上千个会员单位，其首要目标是通过对实际操作方法的评估以促使旅游业大量地融入日益增长的国际会议市场，同时帮助他们在相关市场的经营管理方面交流实际的信息。作为会议产业的领导组织，ICCA为所有会员提供优质的组织服务，为所有会员间的信息交流提供便利，为所有会员最大限度地发展提供商业机会，并根据客户的期望值提高和促进专业水准。

【探究与实践】

1. 根据所学知识设计国际会议接待服务进程表。
2. 团队合作，设计“中国上海国际汽车展”的接待服务流程。

模块三　展览与展览策划实务

项目一　展览与展览策划

【情景导入一】

由美国展览业研究中心赞助，德勤咨询集团曾经开展过一项名为“展览会的力量一”(The Power of Exhibitions Ⅰ)的调查，主要目的在于调查营销人员在整合营销战略中使用展览会的情况及效果，进而为营销人员合理分配参展预算提供一个行业标杆。尽管这份报告对营销部门的工作研究得还不够全面，但还是得出了一些非常有意义的结论。

1. 展览会在产品营销中起着重要作用，除低于直接销售外，企业在参展上的花费明显高于使用其他手段的支出。本研究得出的重要结论是，在销售过程的每一个步骤从客户最初的需求决策到最终的产品购买，企业在参展上的花费都仅低于直接销售，而高于投放广告、直接发送邮件和电话营销的费用，在各种营销手段的花销中排名第二。

2. 在参展中采用了整合营销战略的公司在展览会上有更好的表现。这里所说的“整合营销战略”是指在展前、展中和展后对相应营销手段的综合运用。例如，在展前使用直接邮寄邀请客户，在展览会目录、展览会预览或展览会新闻上刊登广告；展览会期间举行新闻发布会；展览会结束后给高质量的意向客户打销售电话等。在任何行业中，如果只注重展会必定会让企业举步维艰。参展只是众多营销手段中的一种，因此，营销人员还必须把精力分配到其他营销方式上。“展览会的力量Ⅰ”的调查结果证明了这一点。

3. 那些设定了明确的参展目标并使用定量方法评估参展效果的公司，更容易取得理想的参展效果。与其他精心筹备的市场营销活动一样，参展也需要有一个周密细致的计划。其中，设定明确的参展目标是成功的基础。另外，根据德勤咨询集团的研究，使用定量的绩效评估方法是参展营销的最佳经验。据统计，在认为参展“非常成功”的公司中，68%的公司使用了定量方法来评判既定的参展目标是否实现。常用的统计指标包括：参观本公司展品的观众数量、被与展览会相关的杂志和其他出版物提到的次数、来自现有客户的订单数和金额、获得高质量意向客户的数量。

【情景导入二】

谈展览项目管理中应考虑借鉴的几个工具

所谓展览项目管理，就是将各种相关知识、技能、手段和技术应用于展览项目的管理活动中，以达到展览会的要求，实现预期目标。展览项目管理是一个综合性的业务，包括项目启动、规划、实施、监控、收尾和总结等。在展览项目管理中，需要特别注意以下几个方面。

一、时间管理中应注意工作日程均衡化

工作日程均衡化的概念来自日本丰田的精益生产理论，该理论强调价值流程以杜绝不能创造价值的活动为目的，以最少的资源投入，创造最大的价值。工作日程均衡化的时间管理，可以提高工作效率、杜绝浪费。例如，如果组织工作不力、工作日程均衡化做得不好，就会造成临近展览开幕时，工作量、人员、经费投入突然增加，产生许多工作失误，造成人力物力的浪费。

二、提高工作效率，减少浪费

在很多情况下，展览组织方面的浪费情况比生产领域更严重，如由于沟通不畅造成的浪费，时间的浪费，各类文件、请示报告太多，请示报告的周转时间过长，决策失误造成的浪费等现象普遍存在。因此，在展览项目管理中，必须提高工作效率，杜绝展览工作流程中不能创造价值的活动，减少浪费。

三、借鉴视觉管理制度，如看板制度、5S 工作制度等

运用视觉管理制度，要做到管理内容和管理形式的统一。主要内容为“5S”方法：(1)Sort(整理)：整理分类各种文档、资料、文件；(2)Straighten(条理)：所有项目都井然有序、易找；文档整理的条理性反映出信息整理和归纳的能力；(3)Shine(整洁)：干净的工作场所，是一种工作面貌的展示，整洁的流程往往提供了一种检验机制，使工作过程中的问题显露出来；(4)Standardize(制定规范和标准)：使得上述前 3 个 S 的制度与程序得到维持与监督；(5)Sustain(维持)：维持一个稳定的工作流程和程序是一种持续改进的过程。

四、展览工作流程的持续改造

展览管理的工作流程改进不是简单地将各个展览业务流程分成独立的作业，然后再优化这些独立的作业，这样流程的整体运作不会达到其应有的水平。因此，展览管理的工作流程必须是综合的、持续的优化过程。同时，定期的反省制度——对整个展览项目管理工作不断地进行分析、总结、反馈，是达到持续改进的保证。

五、慎重使用信息技术

IT 新技术尤其是办公自动化技术必须经过充分测试，并符合展览项目管理的实际情况，符合展览项目管理团队的知识结构、业务流程与价值观。另外，必须了解清楚投入的资金是否真正带来效益。追逐时髦、搞形式主义，或把提高办公效率的希望完全寄托在 IT 技术的使用上，都可能给整个业务工作带来危害。

六、积极借鉴其他行业的管理工具

许多管理工具在不同行业业务流程的应用上存在一定的普遍性，因此具有一定的参考价值。比如，西格玛全面质量管理概念、戴明循环等，它们既可以运用于生产领域，也可以为服务业所借鉴，当然也可以为展览项目管理所借鉴。

展览会是一个十分庞杂的系统。业内曾经有专家统计，一次展览会由大大小小的 3600 多项工作任务构成。从策划的角度来讲，展览会策划的核心内容是对展览项目的构思(主题选定、展览会定位)和对项目可行性的分析，但为了让读者比较全面地了解整个展览会的流程，后面我们将详细介绍展览的主要内容。以贸易展览会为例，一个完整的展览会大致可分为五个步骤。

>> 任务一　了解展览的概念 <<

【知识目标】学习展览的定义、分类，展览与其他商业活动的区别。

【技能目标】了解展览与其他会展活动的区别。

一、展览的定义

“展览”与“展示”密不可分，“展示”一词来源于拉丁语的名词 Diplico 和动词 Diplicare，表示思想和信息的交流或实物产品的展览。无论是思想、信息交流还是实物展览，都以一定规模的公众为主体，以促成思想和信息、产品的供求双方达成共识或协议为最终目标。有学者将展览会拆开来分析其中含义：展，就是陈列、展示；览，就是参观、观看；会，就是为了围绕某个主题或达到某种目的人们集中在同一时间或者空间进行的交流活动，对于展览会而言这种交流既是参展商之间和观众之间的交流，又是观众与参展商之间的交流。对展览会的界定应主要从产品、信息传播和价值三个角度入手。

(一)产品角度

从一般产品的运作角度来分析，展览会的策划流程基本可以被描述为：产品研发(市场调研、确定展览会主题及定位、策划相关配套活动)—产品生产(专业观众组织、邀演讲嘉宾、租赁场地、员工培训)—产品销售(展览会宣传推广、展览会知名度打造、广告及赞助销售)—产品消费(展商参展、专业观众参观采购、现场管理服务)—售后服务(客户答谢、展览会评估)—产品改进(客户数据库更新、改善薄弱环节)。在上述流程中，将组织专业观众和邀请演讲嘉宾放在产品生产环节，然后才是展览会宣传推广以及招展、广告销售等工作，以突出组织专业观众和邀请演讲嘉宾的重要性。事实上，这正是目前许多国内展览公司和国外著名展览公司在办展理念上表现出来的不同。

（二）信息传播角度

巫蒙从传播学的角度提出了展览会的定义，即“在特定的时空中，有组织、有目的地向特定聚集而来的受众传递特定信息的传播活动”。尽管这不是一个十分科学的定义，但它从一个新的角度去重新解读了展览会。展览会自发生之日起，就是有明确目的的、为信息交流而进行的传播活动。但是，隐藏在经济背后，使之在经济上成功的原动力却被人忽视，那就是它作为传播活动的本质。展览会只有在传播上取得成功并长久地发展，才能在经济上获得胜利。

巫蒙还进一步提出：展览会的直接传播者是参加展览会的参展商，间接传播者是展览会的组织者。在整个展览活动中，参展商一方面要对外展示自身的形象、产品，另一方面要收集其他参展者的信息，最后还要对专业观众的诉求有一定了解，这也是参展的主要目的。因此参展商在整个展览活动中是具有双重身份的，既是展览活动的传播者也是被传播者。展览会组织者对于参展商和观众而言扮演着沟通桥梁的重要角色。在经过前期项目的充分调研、论证，项目策划确定之后，展览会组织者需要开展大量宣传推广活动，传播有关展览会的基本信息。宣传推广需要达到两方面效果，一方面，招徕展商，通过宣传告知潜在参展企业通过参展会得到怎样回报；另一方面，通过这一途径，使得观众对展览会上的参展商有充分的了解。参展商和专业观众是决定展览会质量的重要因素，高质量的展商可以吸引高水平的专业观众；高质量且适合的观众才能吸引高质量的参展商参展。

（三）价值角度

这里的价值包含两层含义，第一层含义指展览会的能力要素。张西振先生曾经在《中国贸易报》上发表了名为《展览会评估刍议》(2004) 的文章，提出了展览会的五大价值，即信息传播价值、认证价值、体验价值、观念价值和精神领袖价值。第二层含义是指一个展览会对不同利益主体有什么价值和意义。展览公司、参展商、专业观众和服务商是构成一般展览会的四大要素。展览四要素之间既相互带动又相互限制，任何一方失衡都有可能造成展览项目的中断。

（四）分析结论

展览是具有一定规模和相对固定的举办日期，以展示组织形象或产品为主要形式，以促成参展商和观众之间的交流或达成交易为最终目的的中介性活动。

展览组织者本质上给参展商和观众提供的是一种中介性服务。这种中介性服务不是简单地组织参展商或观众，更多的是展览会本身所具有的功能和价值，这种功能和价值是展览会质量的体现。随着现代科学信息技术的不断发展，展览会在组织方式、表现形式、配套服务等项目上都在不断进步。

二、展览与其他营销活动

(一)展览与公司活动

展览与公司活动都属于商务活动的范畴，但各有优劣势。商务活动，是一个统称性的术语，它包括展览以及企业自身举办的用来服务客户(主要指中间商)、潜在客户甚至消费者的活动。根据美国展览业研究中心(Center for Exhibition Research，CER)的统计数据，早在2003年，美国企业在商务活动方面的花费就达到210亿美元；与此同时，《博览会》杂志在一份研究报告中指出，当年美国企业在参展上的花费达到150亿美元。

相对公司活动而言，商业展览会(Trade Show，另被译为“贸易展览会”)显得更加成熟，不仅得到很多专业协会和企业的支持，而且已经形成了不少具有代表性的理论和研究报告。然而，近几年，展览会和公司活动之间的关系正在发生微妙的变化。在市场竞争日益激烈的今天，一方面，企业的营销经理们正在重新审视展览会的作用和效果，毕竟，参展并不是解决企业问题的唯一办法；另一方面，展览会组织者逐渐感觉到自己的任务不仅是将参展商和买家集中到一起，而且还应把各种辅助活动作为他们营销计划的重要组成部分。《贸易展览会与活动营销：规划、促销与利润》(*Trade Show & Event Marketing：Plan，Promote & Profit*)的作者Ruth P. Stevens认为，不仅展览会和其他买家—卖家活动之间越来越难区分，而且各种形式多样的活动在功能和内容上彼此交叉，这使得对活动的分类也更加困难。

(二)展览会与其他营销手段

与其他营销手段相比，展览会的优势在于能让参展商在短时间内与客户进行面对面的沟通，并可以综合运用多种营销方法。在高质量的展览会上，一名销售代表在一天中接触的潜在客户可能比他在平时工作时一个月拜访的客户还要多。同时，展览会作为一种特殊形式的营销媒介，能够把营销和销售结合在一起。

三、展览的分类

1851年，英国伦敦举办的第一届世界博览会吸引了600多万人参观，并取得了极大的综合效益。此后，各工业国家纷纷效仿，使得博览会、展览会越办越多，成为推动各国生产发展的有力工具。尽管随着社会分工的深入和展览市场的细分，展览会的类型及举办形式都在不断地分化和演变，但按照不同的标准，展览会仍可以划分成一些基本的类型。常见的分类方法有以下五种。

(一)以展出规模为标准

以展出规模为标准，展览会大致可以分为国际性展览会、全国性展览会、地区性展览会和地方性展览会四类。国际性展览会的参展商和观众大多来自不同国家，一般国际知名品牌展览会的国外参展商占所有参展商总数的40%以上，如汉诺威工业博览会、上海国际汽车工业展览会、法兰克福国际消费品博览会等；地方性展览会主要面向当地及周边地区的参展商和观众；全国性和地区性的展览会则介于前两者之间。

(二)以展出目的的不同为标准

国际博览会联盟(Union of International Fairs，UIF)以展出目的为标准，将展览会分为综合性展览会、专业性展览会和消费性展览会。其中，综合性展览会的展出内容包罗万象，展品涉及工业制造、自然科学、人文历史等。专业性展览会又称为垂直型展览会，展出内容具有鲜明的主题，展示某一产业或者某一项产品，一般参展商和观众都是从事该行业的专业人士。目前专业性展览会已经成为主流，一些综合性展览会已经渐渐细化为多个专业性展览会，例如慕尼黑国际电子元器件和组件贸易博览会分化出国际电子生产贸易、国际应用激光、电子技术贸易博览会。消费性展览会面向普通大众开放，常见的就是各类商品展销会。

(三)以主办方的性质为标准

按照主办方的性质，会议一般划分为协会类、公司类和非营利性会议三种类型。按照相同标准，展览会也可以分为这三种基本类型。但由于中国的国情特别是市场经济发展的程度，我国存在一种比较特殊的展览类型，即政府主导型展览。总的来说，作为我国会展经济重要组成部分的政府主导型展览会，有着规格高、权威性强的特点，可通过关联效应、扩散效应带动和引导当地经济的发展，也可提升举办城市的知名度和美誉度，但同时也带来了资源浪费、不公平竞争等问题。

在美国，展览存在协会类和公司类两种类型，与之相对应的协会也有两个，即国际展览和项目协会、独立组展商协会。

(四)以展览的功能为标准

根据展出功能的不同，可以将展览会分为四类，即观赏型、推广型、贸易型、教育型。观赏型展览会如画展、美术展；推广型，主要包括科技、教育成果展，新材料、新工艺、新产品等成果展；贸易型，如展销会、交易会、洽谈会等；教育型展览会如禁毒展、反法西斯战争胜利成就展等。

(五)以展出形式为标准

以展出形式为标准，可将展览会划分为实物展览会和网上展览会两大类。网上展览会是实物展览会发展到一定阶段的产物，也是未来发展的必然趋势。

【知识链接】

会展项目的分类

会展项目是以展会为对象和内容的新型项目形式，是一种现代服务业的项目类别。与传统的项目有着明显的不同，会展项目体现出服务产品的特征，其范围、组织、成本、环境等要素均显示其自身特征。例如会展项目费用一般较大，甚至可达数千亿人民币。例如，北京2008年奥运会项目总投资超过3000亿人民币。人们一般将“一次性”作为项目的基本特征，但这一特征对于会展项目却并不突出，因为，实际上会展项目尤其是例展、例会，其客户市场的共享性很大，而且往届会展项目的其他信息如合作方、供应商等对于下次会展项目成功举办提供十分重要的借鉴意义。经营数十年的品牌展会，尽管从经营的环境变化而言，每次均可认为是一个项目或项目群，但显然不同于真正意义上一次性完成的项目或项目群，不妨称之为品牌项目。同时，从大量新展会的涌现以及很多展会的创新发展看，会展项目依然符合项目的定义。

一些学者根据会展主题的不同，将会展项目划分为不同类型，主要有科技展示型项目、产品交易型项目、综合博览型项目和会议洽谈型项目。根据会展项目的规模可以把会展项目分为：①大型会议，例如，奥运会、世界妇女大会；②中小型会议，例如，论坛、高峰会议；③大型博览会，例如，世界博览会；④中小型展示活动，例如，汽车展、服装节。还有一些学者则指出会展项目可以根据会展项目管理内容的不同划分为会议、展览、特殊活动三种类型。其中，展览最具代表性，展览是最传统、最古老的一种会展活动，而会议和特殊活动是现代经济中出现的新的会展形式，会议形式包括诸如各种主题论坛、专题学术研讨会等，特殊活动包括诸如昆明世界园艺博览会等。尽管人们对会展活动的基本概念还缺乏共同的认识，也没有统一的标准来划分会展，但是这并不影响成功地管理一个会展活动。

根据会展活动的主题类型，会展项目一般可分为会议项目、展览项目、体育与节庆项目等。

①会议项目的分类

按照不同的分类标准，会议可分为以下几种：按会议的组织形式可分为年会、代表会议、论坛、专题学术讨论会、讨论会、座谈会。按会议的内容可分为商务型会议、度假型会议、展销会议、文化交流会议、专业学术会议、政治性会议、培训会议。按会议的主办主体可分为协会会议、公司会议和政府会议。

②展览项目的分类

从不同的角度分析，展览有以下几种分类：按展览的内容可分为综合展(博览会)和专业展。按展览的性质可分为宣传类展览会、贸易类展览会和虚拟展览会。按展览的行业可分为轻工行业展、石化行业展、纺织行业展、建材行业展、房地产行业展等各行各业的专业展览会。按展览的规模可分为单独展、多国展和国际博览会。按展览的地域可分为国内展、国际展和出国展。按是否营利划分，展览可以分为营利性展览和非营利性展览。

③体育比赛和节庆项目

由于体育比赛和节庆等一些特殊活动形式多种多样，特点也千差万别，详见表 3-1，在此不做进一步的分类说明。①

表 3-1　不同主题节事实例及特点

节事类型	实例	特点
商贸主题	青岛国际啤酒节、洛阳牡丹节、景德镇陶瓷文化节	以举办地最具代表性的风物特产为主题
文化主题	中国淄博聊斋文化节、福建湄洲妈祖节、山西运城关帝节	依托当地著名的文化渊源或现存特色文化
宗教主题	沙特麦加的朝觐活动、五台山国际旅游月、山西法门寺佛祖文化节、西藏晒佛节	依托宗教资源
民俗主题	吴桥杂技节、傣族泼水节、潍坊风筝节	依托民俗风情：书法、民歌、风情、杂技等
体育主题	全国运动会、北京国际马拉松、中国香港赛马会	依托各种体育赛事
自然景观主题	中国国际钱江观潮节、中国吉林雾凇冰雪节、北京香山红叶节	依托著名自然景观
综合主题	信阳茶文化节	多个主题综合展示

>> 任务二　了解展览策划 <<

【知识目标】学习展览策划前期、中期、后期相关流程；学会分析策划过程中的重点、难点，并独立完成小型展览会的策划方案。

【技能目标】学会编写展览会策划方案，培养团队合作能力、查阅资料及处理资料的能力、文字编写能力和 PPT 制作汇报能力。

一、展览设想与建议

展览的产生从初步产生展览会的想法开始，到展览会的市场分析和资金预算，直至展览项目正式立项，这一过程我们称之为展览设想与建议阶段。这一阶段的核心工作主要包括以下三个方面。

(一)展览会所在行业分析

首先是对该行业发展现状及趋势进行分析，从而判断新开发的展会是否有良好的发展趋势。其次是对同类展览会分析，包括展览会的基本信息、展出内容、参展

① 王春蕾、陈震：《展览项目管理从调研到评估》，北京，中国旅游出版社，2012。

商及观众类型等，以明确展览会的定位。

(二)展览项目构思

项目构思主要是确定展览会的主题和定位。根据市场需求选取合适的展览主题，通过细致的组织与实施，搭建理想平台以供参展商、专业观众交流、交易。1998年第一届中国展览场馆及展示技术、器材、设备、设施展览会是我国首次以展览场馆和展示器材为主题的展览会，对中国展览业的发展产生了深远的影响。由于选题新颖、定位准确、意义特殊，这次展览会取得了圆满成功。

(三)展览项目立项

经过展览会行业分析和项目构思一系列过程进行展览项目立项。也就是要明确展览会的性质，主题，展出的内容、时间和场地，展台售价，合作伙伴以及目标客户等，分析内外部环境是否与办展目标一致。如果主办方经过评估认为项目可行，则还需要通过可行性分析对展览会进行更具体的审核。

需要特别指出的是，展览项目立项必须谨慎、考虑周全。例如，展览会举办时间的选定，原则上要避开国内外同类展览会特别是品牌展览会的举办时间，以免发生冲突，一般而言，至少要相隔三个月。再如，在支持单位和合作单位的选择上也要慎重，前者往往是某个行业的政府主管部门、权威协会或具有广泛影响力的行业媒体等，后者包括当地行业协会、主办单位的分支机构、行业权威机构甚至是海外的代理机构等，以增强展览会的影响力和权威性，并最大限度地挖掘新客户，同时降低招展成本。

“纺织展”的定位分析

组织一次展览会容易，把展览会做大、做强并形成国内甚至国际上有影响力的品牌展览会却很难，这其中有个关键点就是展览会的定位问题。一个展览会的定位决定其未来的发展方向，只有找准了方向，展览会才会取得持久的成功。因此，对办展地的市场环境以及整个国家的产业发展状况的分析十分重要。

中国国际纺织面料及辅料(秋冬)博览会(China International Trade Fair for Apparel Fabrics and Accessories，简称“纺织展”)创办于1995年，博览会概念的由来及市场定位是基于中国服装业发展对新型、高档面料的大量需求及对服装面料、辅料行业水平进一步提高与升级的要求。那么将其举办地选择在上海又是基于哪些因素呢？首先，上海是一个国际化大都市，也是对外贸易出口的重要港口城市，在本地区承担着重要的经济角色；其次，上海拥有众多大型的纺织服装工业园区并辐射整个长江三角洲地区。

几乎每个产业的产品都有一个生命周期，产品的生命周期对展览会的办展频率有重大影响。“纺织展”之所以每年一届，主要考虑到该行业特定的发展特点：一是行业发展速度快，新兴企业诞生快；二是产品更新快，流行风格多变。组委会抓住这两个特点，选择每年举办一届，从而为供需双方提供贸易良机。另外，展览会主办方还表示，随着行业市场的发展和生产周期的改变会考虑改变办展的频率来适应市场规律。通过密切关注市场动向，控制展览会的展出趋势，极大地确保了展览会的展出效果，得到了参展商、参观者以及行业人士的一致好评，也使得展览会发展迅速。①

二、展览会可行性分析

项目可行性分析是展览会前期论证的重要环节，具体包括详细的市场分析、财务预算、最优方案选定等。在商业性展览活动中，所有的策划都离不开市场，因此对于展览项目策划而言，项目可行性分析主要是分析展览会的市场前景，并选定最优的项目运作方案。具体如下。

(一)研究目标市场

进行目标市场分析主要是为了了解展览会所在行业的产业结构。只有明白某产业的市场构成，才能确定本展览会潜在的参展企业和观众、展出内容、展览规模。因此展览项目策划人员对产业经济学和市场学的相关理论与方法也要有所了解。

(二)明确展览会定位

定位从市场营销学的角度来讲其实就是确定某项产品或服务在消费者心目中的地位。从展览会的角度来看，定位就是主办方在组织实施过程中达到参展商或观众对该展览会的预期。明确了展览会定位即决定了参展商与专业观众的层次和结构，又是该展览会区别于同主题、同类型展览会的重要因素。

(三)成本收益匡算

对展览会的成本和收益进行估算是该展览项目能否进行的决定性因素。对于主办方而言，举办展览会的目的就是为了获取利润。从这个角度来讲，成本收益匡算就是展览会的经济可行性分析。

(四)拟订初选项目

在分析了之前一系列项目可行性之后，策划人员需要做出决策。但面对若干种看似可行的操作方案，展览会策划者还需要选择最优方案并制订项目运作方案，在完成这些工作后才算正式拟定了展览项目。之后策划人员需要撰写详细的可行性研究报告，并将其提交给公司决策层。

---

① 雷鹏、杨顺勇、王晶：《会展案例与分析》，北京，化学工业出版社，2009，选入本书时有改动。

(五)撰写可研报告

可研报告是可行性研究的书面表达，在可研报告中，策划人员要对组织和举办地的能力及条件进行全面分析。换句话说，要综合场地要求；预计参展商数量和观众人次；评估展览会的竞争力；考虑赢利；了解管理技术要求、行政支持等诸多因素。一般来说，展览项目可行性研究报告主要包括五大部分，即项目基本情况、技术性要求(如对展览场地的特殊要求、需要配备的专业人员等)、财务预算(包括成本和收益等)、展览会的市场前景与目标市场分析、结论。

【知识链接】

展览项目可行性研究报告的主要内容

所谓展览项目可行性研究，就是对展览会是否可行做出系统的评估和说明，并为最终完善该展览会的立项策划及各种具体执行方案提供改进的依据和建议。基于此，展览项目可行性研究报告应主要包括项目基本情况、技术性要求、财务预算、展览会的市场前景与目标市场分析、结论五大部分。具体可分为以下几方面的内容。

1. 市场环境分析

(1)宏观市场环境。包括人口环境、经济环境、技术环境、政治法律环境、社会文化环境等。

(2) 微观市场环境。包括办展机构内部环境、目标客户、竞争者、营销中介、服务商、社会公众等。

(3) 市场环境评价。SWOT 分析法，即内部优势(Strenghs)、内部劣势(Weaknesses)、外部机会(Opportunities)、外部威胁(Threats) 分析。

2. 展览会项目生命力分析

(1) 项目发展空间。即分析举办该展览会所依托的产业空间、市场空间、地域空间、政策空间等是否具备。

(2)项目竞争力。包括展览会定位的号召力、办展机构的品牌影响力、参展商和观众的构成、展览会价格、展览会服务等。

(3)办展机构优劣势分析。

3. 展览会执行方案分析

(1) 对计划举办的展览会的基本框架进行评估

①展览会名称和展览会的招展范围、展览会定位之间是否有冲突；

②办展时间、频率是否符合所在产业的特征；

③展览会地点是否适合举办相关主题、产业的展览会；展览会所在行业是否可以举办如此规模和定位的展览会；

④展览会办展机构能否在计划的时间内举办如此规模和定位的展览会；

⑤办展机构对展览会所在行业是否熟悉；

⑥展览会规模与定位之间是否有冲突。

(2)招展、观众组织和宣传推广计划评估

①招展计划评估；

②观众组织计划评估；

③宣传推广计划评估。

4. 展览会项目财务分析

(1)价格定位

(2)成本预测。举办一个展览会的成本费用一般包括以下几个方面。

①展览场馆费用。即租用场馆及由此而产生的各种费用，包括场馆租金、空调费、保安和保洁费、加班费等；

②搭建费用。即主场搭建、会场布置、地毯铺设等费用；

③展览会宣传推广费。包括广告、展览会资料设计及印刷、新闻发布会、网站建设等费用；

④招展和观众组织的费用；

⑤相关活动的费用。包括技术交流会、研讨会、展览会开幕式、嘉宾接待、招待酒会、礼品等费用；

⑥办公费用和人员费用。包括请展览会临时工作人员的费用；

⑦交税；

⑧其他不可预测的费用。

(3)收入的预测。举办一个展览会的收入一般包括：

①展位费收入；

②门票收入；

③广告和企业赞助收入；

④其他相关收入。

(4)盈亏平衡分析

(5)现金流量分析

①净现值分析；

②净现值率分析；

③获利指数；

④内部收益率。

5. 风险预测

(1)市场风险

(2)经营风险

(3)财务风险

(4)合作风险

6. 存在的问题

通过以上可行性分析发现的展览会项目立项存在的各种问题；研究人员在可行性分析以外发现的可能对展览会产生影响的其他问题等。

7. 改进建议

根据展览会的办展宗旨和办展目标，针对上述问题提出具体的改进建议，指出要办好该展览会所需要具备的其他条件和需要努力的方向。

三、展览规划与实施

(一)总体设计

总体设计是策划人员对展览会的总体策划，具体包括：明确展览会的结构、定位和规模，设计适当的组织机构，策划展览会中的会议、论坛、表演等配套活动等。展览项目总体设计可以对展览会时间进行准确的把控，保证展览会的各项工作能按预定时间完成。

(二)展览会宣传推广

宣传推广是展览会主办方利用多种技术、方法、手段，对展览会的主体、配套活动等相关内容进行报道和宣传，其主要目的是提高展览会的知名度，吸引更多的参展商和观众参与，是提升展览会知名度和美誉度的重要手段之一。

(三)拟订招展计划

招展计划是组织者为了招揽到适合展览会的企业参展而制订的计划方案，也是展览会成功的重要基础。招展工作一般分为两个部分，一部分是招展准备，包括目标参展商数据库建立、招展方案制订等；另一部分是招展实施，包括招展手段、招展分工等。

(四)制订专业观众组织计划

专业观众是指从事展览会上所展示产品的设计、开发、生产、销售或提供相关服务的观众。专业观众组织计划与招展计划是相辅相成的，只是两者面向的对象不一样，因而侧重点也有所不同。越来越多的国内展览公司开始重视专业观众的组织，通过专业观众吸引知名度高、规模大、水平高的参展企业，所以在制订专业观众组织计划时要更加详细。

(五)编制财务预算

在上述项目可行性分析中，策划人员已经对展览会的成本和收益情况有了初步的把握。在项目规划与实施阶段，进行编制财务预算，将有利于展览会组织者了解一切可能产生的成本和可能获得的收益，从而保证展览会各项资金支出的需要，同时也确保展览会在未来获利。

（六）执行展览计划

有了周密的计划还必须严格执行，这里的“执行”主要包括：开展招展招商活动；组织论坛；处理文宣材料制作等事务；进行现场管理；为参展商和观众提供配套服务等。展览会正式开始后，项目人员应根据工作流程表开展每一项工作。前一天展出结束后，相关负责人应集中对当天的工作进行及时的总结，同时预习第二天的工作任务和流程。

当然，在执行计划的过程中，策划人员还应该根据实际情况对计划进行适当的调整，其目的是提高展览会的质量，真正为参展商和专业观众搭建一个理想的交流、交易平台。

（七）展览会评估与善后工作

展览会组织者对展览会进行科学评估主要有两个目的：一是为展览组织者改进产品和服务以及打造展览会品牌；二是为参展商和专业观众选择展览会提供依据。

1. 评估展览会质量

展览会评估是一项非常繁杂的工作。在会展业发展相对成熟的欧洲国家，已经有许多展览会评价体系，这些评价体系值得我国研究借鉴。

任何评估体系都应该有完整的评估指标，计量因素和非计量因素都是评估指标中非常必要的部分。计量因素主要包括展览会的展出规模（面积）、参展商数量、专业观众数量、达成交易额等；非计量因素主要包括参展商和专业观众对该展会的评价、参展企业在行业中的地位、专业观众的结构层次等。目前许多展览会主办方会在展会中期或后期对参展商和专业观众发放调查问卷，就是评估展览会质量的雏形，其最终目的是改进产品和服务，进而提高展览会的竞争力。

2. 感谢相关利益者

主办单位对相关利益者给予及时的感谢将有助于相关利益者继续支持展览会。这里的相关利益者既包括政府部门领导和演讲嘉宾，也包括支持单位、协办单位、主要参展商和专业观众。在很多时候，感谢上述这些相关利益主体的成本并不高，也许一封平实、真诚的感谢信就能达到效果，但切记不要遗漏任何人。为此，展览策划人员必须列出一份详细的邮寄名单。事实上，展览主办单位已经在前面的工作中掌握了这些名单，只不过需要由专人重新归纳一下，这部分工作通常由公司业务部或展览会营销人员来完成。

3. 改进产品和服务

对产品和服务进行改进，应该建立在展览会评估的基础上。在国外特别是德国、美国等一些展览业发达的国家，已经出现了一些专业的展览服务公司，为展览会主办单位提供预测、统计和评估等服务。

对展览会进行科学评估的最终目的是提高展览会的价值和服务质量。其主要信息来源有：参展商和专业观众的意见、投诉及投诉处理情况；展览会主办单位或其代理机构所开展的参展商或专业观众意见调查；展览会主办单位尤其是项目部工作人员的总结报告；当地主流媒体和业内权威专业媒体的评价。

【探究与实践】

一、选择题

1. 目前全球知名的会展企业主要集中在欧洲，全球前十大组展企业，欧洲占满十席。排在首位的是(　　)

A. 欧洲博闻　　B. 英国励展博览集团

C. 法兰克福展览集团　　D. 慕尼黑国际博览集团

2. 会展最大的功能是(　　)

A. 促进交易　　B. 宣传形象

C. 建立与各方面的合作关系　　D. 宣传产品

3. 展览的组织者主要有两类，一类是专业展览组织者，一类是(　　)

A. 个人　　B. 公司　　C. 政府　　D. 协会组织

4. 展览项目的可行性分析是项目管理的关键步骤，包括市场分析、最优方案选定和财务预算等，其主要内容是分析(　　)

A. 市场结构和前景　　B. 最优运作方案

C. 财务状况　　D. 项目策划书

5. 会展在某个城市的成功举办带动其他相关产业、部门变化的功能属于(　　)

A. 品牌推介功能　　B. 产业联动功能

C. 信息传播功能　　D. 企业营销功能

6. 会展的发展使产业结构顺着(　　)占优势地位的方向发展。

A. 资本密集型—劳动密集型—知识密集型

B. 资本密集型—知识密集型—劳动密集型

C. 劳动密集型—资本密集型—知识密集型

D. 劳动密集型—技术密集型—资本密集型

二、简答题

1. 会展业发展条件有哪些？

2. 展览的立项分析过程主要包括哪几部分？

项目二　展览策划程序

【情景导入】

展会定位促进展会差异化发展

汽车产业是一个生产高度集中的行业，全世界的整车生产企业数量屈指可数，要吸引这些企业参加展会非常不易。因此，世界五大汽车展就用不同的展会定位来分割市场：德国法兰克福车展打造世界“汽车的奥运会”；法国巴黎车展倾情“新概念、新技术”；瑞士日内瓦车展追求“汽车时尚、汽车潮流”；美国底特律车展注重“娱乐和舒适”；日本东京车展提倡“环保、节能”。这五大汽车展将世界汽车类展览会人为地分割成五大块，各自特色鲜明，相互之间的冲突很小，企业参展意图明确，各个展会也因此长盛不衰。

根据展览策划工作过程中所需要的知识、技能、素质要求，这里设计了展览与展览策划、展览策划程序、参展商的参展计划实施、参展人员的聘用与培训、展览的设计五个项目。通过学习展览策划规范程序、展览具体过程等相关知识，形成展览构思酝酿、可行性研究、立项、实施、总结等职业技能，能够完成展览策划不同阶段的主要任务，及招展工作和赞助工作的全面开展的任务。

>> 任务一　了解展览策划的规范程序 <<

【知识目标】把握一个完整展览策划规范程序各部分的内在逻辑联系。

【技能目标】能够对完整展览策划的各程序进行简要分析，说明其必要性。

一个完整的展览策划，一般是按照图 3-1 的规范程序进行的。

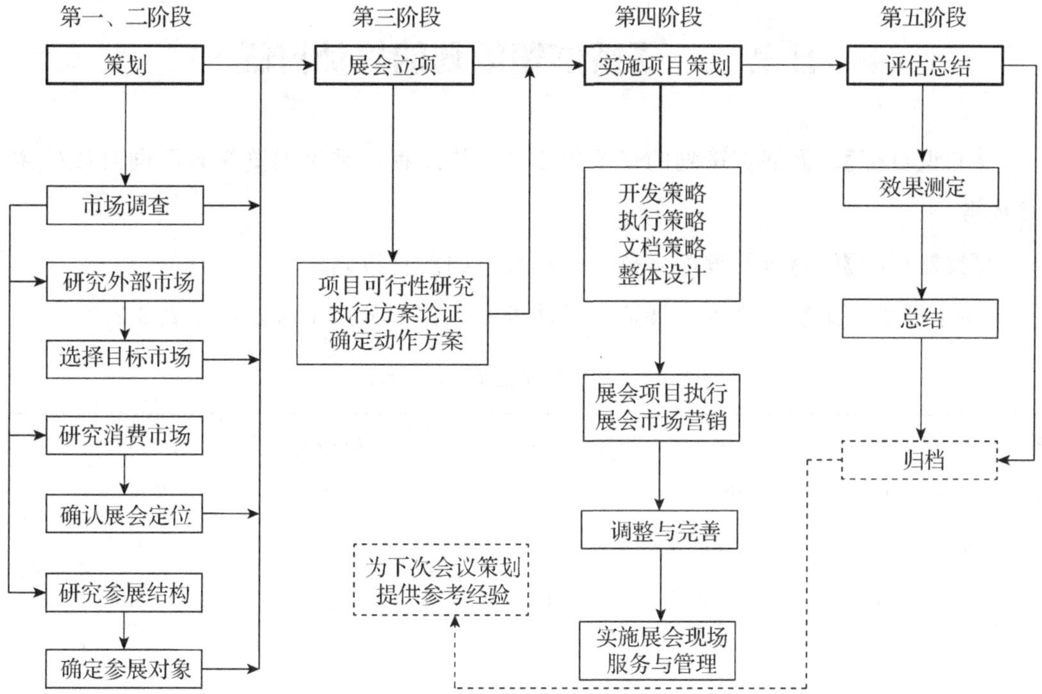

图 3-1　展览策划规范程序

【知识链接】

正确选择展会举办的地点

目前，世界上有三种典型的选择展会场地的模式，或者说有三种主要的展会聚集模式。

一是在展会展览题材所在产业的生产集中地举办展会。这类展会主要依托展览题材所在产业的聚集而产生，当一个地区某一产业高度集中和发达时，一旦该地区有符合上述要求的城市存在，就可能有条件举办该题材的展会。例如，在我国广东省东莞市举办的许多展会就是这样产生的。

二是在展会展览题材所在产业的产品消费地举办展会。或者说，在该类产品的消费市场集中地举办展会，这类展会依托市场而存在。一旦该市场集中的地区有符合上述要求的城市存在，展会常常应运而生。例如，在新加坡和中国香港举办的许多展会就是这种类型的展会。

三是在著名的休闲度假地举办展会。这类展会往往利用该著名休闲度假地完善的服务设施，将休闲度假和展会结合在一起进行。典型的例子是在美国拉斯维加斯和中国澳门举办的一些展会。

可见，在考察举办展会的城市的条件时，还要考虑展会举办所依托的其他条件。

>> 任务二　了解展览策划的具体过程 <<

【知识目标】掌握展览策划的规范程序及具体过程；掌握展览策划不同阶段的主要任务。

【技能目标】能够进行程序规范、过程具体的展览策划。

对于展览的组织者来说，展览的具体策划工作可分几个阶段，见表 3-2。

表 3-2　展览策划工作的几个阶段

阶段一	阶段二	阶段三	阶段四	阶段五
12 个月前	10 个月前	8 个月前	当前	结束当月
构思酝酿	可行性研究	立项	实施	总结
* 市场调查	* 初步设计	* 策略方针	* 计划组织	* 双向分析
* 概念生成	* 可行论证	* 明确主题	* 协调管理	* 综合评估
* 确定需求	* 比较剖析	* 编制预算	* 系统运作	* 统计验收
* 提出构想	* 定性定量	* 决策方案	* 全面控制	* 总结报告

在不同的阶段，工作重点各不相同，各阶段主要工作如下。

一、阶段一与阶段二

这两个阶段的主要任务是在市场调查、环境分析等基础上提出展览构想，并进行可行性分析与研究。这一阶段的工作是展览策划的基础性工作。

（一）构思酝酿阶段

市场需求是展览项目产生的前提，项目调研主要以识别市场需求为目的，针对需求确定展览项目的主题。对行业市场的调研主要包括具有参展需求的产品类型、某类产品的参展需求规模，周边地区同类项目的举办情况，以及举办该主题展览项目的资源优势等；对观众组织的市场调研主要包括拟参展产品的吸引力及市场需求规模，核心客源市场的优势等。

展览构思是以展览项目调研阶段所得出的需求结果为导向，提出创意，确定展览主题，并对该主题项目的投资目标、功能、范围以及各主要因素进行初步界定。

展览构思主要是构思展览主题及相关项目。具体包括展览项目的目标、背景及意义，周边地区近期是否举办同类展会；本地区是否具有举办该主题展览的资源优势、项目实施的环境和配套设施条件；自身是否具有举办该主题展览的实力，包括项目资金的筹备及调配计划等。

(二)可行性研究阶段

会展可行性研究是在详细研究各种信息的基础上，深入分析展会策划是否可行，为是否举办展会提供科学的可行性依据。会展可行性分析通常包括项目的市场前景、凭借现有的硬件和软件基础举办展览项目的可行性、对该项目投资的合理性分析等几部分。

二、阶段三

这一阶段是立项阶段。其主要任务包括：

(一)主题确定与报批并设立组织机构

主题，是指事物所蕴含的中心思想和核心内容，广义的主题指题材概念，是社会生活或现象的某一方面。展览主题是整个展览活动的精髓所在，是展览活动的指导思想、宗旨、目的要求等最凝练的概括与表达，是贯穿于整个展览活动过程中的演绎核心。展览主题策划不仅是一个构思，从某种意义上来说，也是展览活动的整体策划实施过程，统帅并紧密结合展览的创意、构成、方案、形象等各个要素。通过展览主题信息的传递，刺激并约束参展者和观众的行为，使其能遵循展览的主题信息实现展览价值。

抓住了主题，就可以统领大型展览的三大要素——场馆展示、论坛、文化娱乐活动，事实上办展的过程就是主题演绎的过程。展览策划必须有明确的主题，偏离了主题，展览就成了漫无目的的拼凑。

2010上海世博会的主题为“城市，让生活更美好”。在主题下分设“城市多元文化的融合”“城市经济的繁荣”“城市科技的创新”“城市社区的重塑”“城市和乡村的互动”五个副主题，以“和谐城市”的理念来呼应“城市，让生活更美好”的诉求，着力塑造“和谐城市”的典范，这个理念包括“人与自然的和谐”“历史与未来的和谐”“人与人的和谐”。在上海世博会，世界各参展国家和国际组织、机构等，围绕主题充分展示城市文明成果、交流城市发展经验、传播城市建设理念，进而为人们居住、生活和工作探索全新的模式，为生态和谐社会的构建和人类的可持续发展提供了可行性探索。

组织者根据制订的展会策划方案，及时向主管部门报告并等候批准。目前国内的主要展览会如果是面向全国招展的，必须到中央主管部委或相关行业协会报批；如果是面向全省(或自治区、直辖市)招展的，必须到省级主管厅或相关协会报批。批文一旦下达，即刻就可以开始展会组织委员会的筹备工作。

(二)制定展览预算

编制展览预算是展会策划人员的首要任务，必须在各种设计方案出台之前并且在各种可能费用还无法全面掌握的情况下，制定全面预算。

1. 直接成本投入

(1)场地租借费

特指标准展台的租赁费或空地的租金。这是最直接的费用。

(2)标准展台或特装展台

如果选定使用标准展台，就不必把一些基本展台设施成本计算在内，因为参展商支付的标准展台的费用内包括了提供基本设施。而特装展台的任何设备都是要另外开支的，一定要事先控制好成本。

(3)展台设施支出

支出有三种基本种类：陈列品费用；文字排版印刷费或图片印刷费；展品模型或其他，如照明、电子设备等专业服务费用。

(4)附加服务费用

参展商可能需要展览组织者提供电、气、水、压缩空气、冰箱、电话机、传真机及其他公共服务等。

(5)专业服务费用

主要是针对特装展台，前期聘用设计师、搭建专家及其他专业人士能提高展台的建造质量和设计效果。因此，计划之初就应该让设计师参与，他们会对展览预算提供很大帮助并能将建造费用控制在预算范围内。

(6)不可预见费

每次展览会注意预留15%的额外经费，用以应付一些无法控制或不能预先估算的支出。

2. 参展展品成本

参展展品都是企业精心挑选出来的用以展示企业形象的载体，因此，从托运至展场到摆放在展台上的整个过程都会涉及必要的费用支出。

3. 宣传组织费用

(1)广告支出

无论是邀请专业观众还是组织非专业观众，首先要考虑综合性广告的社会效应。综合性广告的投放形式多种多样，主要包括报纸、电视、海报、零售点广告等。比较灵活的做法是，通过展览组织者的广告宣传联络，在总体广告中明确本公司的地位，这样可以节省大笔经费。综合性广告一般会在展会开幕的前一周全面铺开，展览会效应也同样能够被集中体现。

(2)参展商手册

在参展商手册上必须标明展品的广告、刊物和索引。在展览结束后参展商手册和目录具有继续使用的价值。

(3)招待活动和正式招待会费用

有规模和实力的参展企业会自行举办记者招待会和开幕招待酒会，这些活动涉及的人员、演出、餐饮、礼品等服务内容非常多而且增加支出的可能性很大，必须要有充足的预算。

(4)新闻报道的制作费和宣传费

在邀请记者、准备礼品、拍摄合适的展台照片和重要参观嘉宾的照片提供给报社等方面都需要准备一定的资金。

(5)不可预见费用

宣传组织工作的预算比较保险地估计应当留出20%作为应付意外情况开支，这样在计划过程中如果遇到好的新思路、新建议，也可积极采纳。

(三)展览场馆的租赁与现场策划

可供租赁的展览场馆非常紧俏，如果要在很多知名的场馆如上海的新国际博览中心、上海展览中心、国际展览中心等在每年3、4、5月和9、10、11月的展会旺季办展，需要至少提前一年预定场地。展馆往往会要求组织方在开展前一个月将全部场地租金付清，另外还需支付进馆押金。

如何有效地利用现有场馆，尽量多地安排展位，克服展馆现有设施的制约因素，需要组织者聘请专业的策划专家现场指导，充分利用展场面积，做到疏密有致、布局合理。

(四)招展书与赞助商手册的设计制作

这两份资料是涉及展会盈收的文字广告，文字的表述效果和印刷质量至关重要。招展书的文字着重体现出此次展会的规模和效应、组委会提供参展商的优惠条件和利益回报，文字要精练，图案要精美。招展书应附有各类参展信息反馈表，如参展证件登记表、展台楣板文字登记等。赞助商手册应由专门的广告公司设计，图文并茂，内容主要是明确此次展会的规模和层次，媒体的宣传途径和力度是赞助的卖点所在。赞助商手册的编写一定要站在客户的立场去分析，客户凭什么来参与此次展览会，该如何引导客户参与，客户的参与程度又将是多少，对客户的承诺如何回报，如何说服客户在诸多同类的展览会中选择此次展览会来投资参与。

(五)招展工作和赞助工作的全面展开

一旦确定展览面积，形成整体布展格局，即可开始招展和赞助工作。一般完全依靠主办单位去完成这两项艰巨的工作是相当有难度的，此类工作应该进行合理分工，以确保招展成功。首先，要处理好招展单位之间的关系。当由几个单位共同负责招展时，各招展单位要制定并遵守共同的招展原则，在此基础上结合各单位实力，充分发挥各单位优势，做到优势互补、合作共赢。其次，要明确本单位内部招展人员的职责分工，包括各招展人员负责区域、重点客户，同时要做好统筹协调，避免任务不明确、信息沟通不畅等问题。再次，要处理好与招展代理之间的关系，以开发客源市场、扩展业务网络、扩大业务规模。

1. 招展宣传

招展宣传是为了提高展会知名度、提升展会形象、促进招展工作而借助广告等媒介进行的展会推广活动。招展宣传不仅要面向潜在参展商，广泛地传播展览项目相关内容，而且要尽量深入地传达展览项目的重要性、潜在意义、市场前景等。

(1)招展宣传对象

首先，根据展出目标和任务、展览会性质将招展对象限制在一定的专业或行业范围。其次，确定招展对象后，着手建立招展对象的数据库。数据库信息尽量准确、完整、详细，并根据需要不断更新。

(2)招展进度计划

在招展工作实施之前，就应对招展工作及其预期效果进行统筹规划，事先安排好什么时候开展哪些招展工作、采取怎样的招展措施、完成哪些招展任务等。通常来讲，如果不是招展进度不合理，进度计划就不做大规模调整，避免影响招展工作进度。

(3)招展宣传方式

招展宣传可双管齐下，根据可支配的财力、人力，同时采取刊登新闻、广告等单向宣传方式和电话联系、召开会议、登门拜访等双向联络方式。

宣传工作要提前安排统筹，不能太晚，否则来不及招展和筹展，并且要按计划有步骤、分层次开展。

(4)招展宣传内容

招展宣传内容主要包括两部分。一是展会的一切基础资讯，包括展会的时间、地点、交通住宿情况、接待事宜等基本情况，以及往届展会效果、社会评价、参展要求与条件等。以上内容比较简便的宣传方法是将所有基础资讯编订成册，印发邮寄或进行人员推广。

二是展会期间活动的宣传与推广。展会过程中往往会安排一些活动，一方面增加展会的内容，另一方面也可以吸引参会者。这些活动不仅是展会的有效构成部分，对于一些有特定主题的展会，甚至可以说是展会的重中之重。特别是大型展会如世界博览会，都将一些重要活动融入展会过程，不仅在展会场地进行，还将活动延展至整个城市，从而实现良好的社会效益和经济效益。

2. 组团管理

参展管理工作俗称“组团”，是展览工作的组成部分，贯穿展览工作的全过程。管理分两个阶段，即筹备管理阶段和展台管理阶段。组团管理工作的形式之一是召开会议。开会的目的包括鼓舞士气、培养集体观念和互助合作精神；布置工作、明确任务；检查工作、发现问题；互通情况、相互借鉴学习等。筹备管理会议一般有筹备会、检查会、动员会等。

(六)观众的组织和媒体宣传、广告投放

专业的展览会需要的是专业观众，而不是大量的普通观众。专业观众是指对该展览会专业技术领域有一定认知的、有真正市场需求的参观者。组织专业观众不是简单地靠做广告或者沿途发放入场券就能解决的，而是需要通过务实的市场分析，建立客户数据库，了解哪些人群属于什么协会、什么行业，入场券必须准确无误地发送到他们手中。并且要通过行业协会、学会等做好参观入场的人员组织工作，确保专业观众到场。

1. 展览广告宣传

广告是展会宣传的重要方式，也是吸引参观者的主要手段之一。展会广告的范围可以覆盖已知的和未知的所有参观者，可以将展会情况传达到直接联络所遗漏的目标观众，也可以加强直接联络的效果。这是覆盖面最广同时也是最昂贵的展会宣传手段，因此必须目标明确，根据需要、意图和实力有效安排。

广告预算决定广告规模，选择合适的媒体是降低成本、提高效率的有效办法。同时，需要合理安排广告的时间，一般情况下，在展会开幕三四个月之前就开始做广告，广告不仅可以安排在展会之前，还可以安排在展会期间和展会之后。

2. 新闻媒体宣传

新闻工作是宣传工作的一个重要环节。新闻工作费用比较低，因为新闻采访报道一般是免费的，而新闻报道的可信度比较高，效果比广告还要好。因此，新闻工作是一种低成本高效益的宣传工作，缺乏经费预算的展出者更应当多做新闻工作。

(七)公关活动

为扩大展会影响、吸引观众、促成交易，展会主办方往往也要通过开幕式、招待会、邀请贵宾参观、准备礼品等公关活动对展会进行宣传。

1. 开幕式

开幕式是展会的重要仪式，对烘托展会气氛、扩大展会影响力具有重要作用，能产生相当好的宣传和公关效果。开幕式的嘉宾邀请范围包括政府人员、工商名流、新闻人士、外交使节、企业高层领导等。

2. 招待会和宴请

招待会和宴请是与关键人物或重要客户接触的重要方式。举办招待会的主要目的是扩大交际范围，促进交流合作，增进与客户的关系。

(八)参展指南与会刊的制作

参展指南是将展会所有信息告知展商的书面材料。参展商应该在确定展位之时收到组委会的参展指南。参展指南的内容包括此次展览会的概况、展馆的具体技术参数、各类回执表格、各类信息咨询方式等。

会刊是刊登所有参展商信息及现场查询展位的信息名录，一般每个参展企业拥有一定的版面来简单介绍本企业产品的性质和特色。会刊同时又是广告赞助商刊登企业形象宣传的重要载体，所以会刊制作的精良程度和会刊印制的页数可以从侧面反映此次展览会招展情况的好坏，广告赞助的多少。会刊对所有参展商有着定期的使用价值，信息的查询、卖家的联络方式、产品的介绍都是会刊的价值所在。在展览会开始前一个月，所有展商都必须将企业信息如实、准确、详细地提供给组委会秘书处，在参展商报到注册时，分发到其手中。大部分展览会的会刊在展览会现场都可出售给其他专业观众。

(九)提供参展商各类秘书处服务

参展商支付的展览费用不仅用作支付展台费，同时也是获得组委会秘书处提供的一系列附加服务的费用。

1. 住宿安排

来自外地及海外的参展商可通过事先发送至其手中的参展指南了解组委会提供的指定下榻宾馆酒店，可预先或现场定酒店，组委会提供的指定酒店的房价应该低于参展商自行至酒店前台取得的价格。展览会选用的酒店一般分成组委会指定酒店和推荐酒店，被指定的酒店，必定为组委会提供免费或优惠的工作用房。酒店的地理位置和交通状况必须充分加以考虑。

2. 订票安排

由于展会具有很多可变因素，展商返程的日期必须根据和客户业务洽谈的成果和进程来决定，因此大多展商不会事先确认回程机票或火车票，都会临时要求组委会秘书处的票务组现场订票。所以要事先安排好相关人员负责现场订票工作。

3. 发布会安排

很多有实力的参展企业，不仅认购了大面积的展台，而且提出在展会期间由其出资召开新品发布会，要求组委会秘书处代为邀请买家和部分展商以及当地的主流媒体出席发布会。发布会的形式多种多样，主要态势是趋于简单高效。有利用各类电子设备进行的报告会，简单的午间鸡尾酒会，中午的冷餐会，还有特定贵宾和领导出席的招待晚宴。

4. 用车及接送机安排

有经验的组委会秘书处会成立交通协调部，下设票务组、车辆调配组等机构。车辆调配组主要负责展览会用车和贵宾的接送机安排工作。原则上，入住组委会指定酒店的展商都可以享受组委会提供的从酒店到展览场馆的定点定时班车服务。为了增加专业观众的数量，有组织地在展馆和地铁等轨道交通的枢纽站点之间安排车辆接送服务也是非常有必要的，因此便有大量的统计、组织和宣传工作要做。另外，贵宾及领导在展会期间的用车安排随机性很大，秘书处下设的贵宾接待部要及时与交通运输部协调沟通，包括接机和送机的用车安排等工作，都要考虑细致周全。

5. 演出安排

一个大型的展览会必然有一个隆重的开闭幕式和招待演出。秘书处下设的大型活动部主要负责此类事项：节目的排演、审批、开幕仪式的现场礼仪布置、背景制作等。

6. 其他安排

秘书处的工作事无巨细，它是一个服务机构，是展会组织环节的心脏部件。所以，包括贵宾用餐服务、会后周边地区的旅游安排、现场文稿印制工作等都是其工作范围内的服务事项。

三、阶段四

这一阶段的主要工作是展会的现场管理工作。展览会的现场搭建分为标准展台搭建和特殊展台搭建。组委会指定的搭建公司作为展览会主场搭建公司，承担整个展馆标准展台的搭建工作。整个展馆的排线、地毯铺设、水电供应都由主场搭建公司负责完成。特殊展台或展区的搭建可以由参展商自行选择合适的搭建商，进行特殊装修。既可选用组委会指定的主场搭建公司，也可选择其他搭建公司。当然，该搭建商必须具备展会认可的展览搭建资质，并向秘书处申领施工证，方可进场搭建。

特殊搭建商在用电、用水等方面的具体要求，可直接向组委会指定的主场搭建公司提出，由其出面进行协调并进行现场管理。搭建商在进馆时，必须向场馆交纳搭建押金。

总之，展览会现场有大量的组织工作要做，布展工作是整个展览工作最重要、最关键的工作，所有展览筹备工作都是为了这个工作服务的。

(一)展前工作

展前工作是指展台人员抵达展出地至展览会开幕前这一段时间所做的工作。

展前工作阶段既是筹备工作的最后冲刺阶段，也是展台工作的前奏。展前工作可以分为宣传公关、展品运输、施工布置、后勤行政等几个方面。展前工作的关键是展台筹备工作。展台筹备也就是展前现场准备，时间非常紧张，但工作非常重要，直接影响展出效果。展前准备期已不可能对展览筹备工作做重大修改，但是要根据需要进行必要的调整、修补，将各项工作做细、做好。展会前几天，各项筹备工作同时展开，必须做好计划、布置、监督、调配、检查等工作，使筹备工作协调、有序进行。

(二)展期工作

展期工作是指展览会开幕至闭幕这一段时间的工作，是展览工作最重要的阶段，也是正式的展台工作阶段。

1. 展台工作

展台工作的主要内容包括形象宣传、接待客户、洽谈业务、市场调研。

2. 展台人员

实现展出目标、建立展出商形象要靠参展人员，要靠展台人员的业务知识、工作方式、穿着、举止等。因此，必须对展台人员提出相应的要求和标准。如业务知识方面，展台人员必须掌握参展商公司情况、所展出产品和服务的情况、客户需求、市场情况、竞争情况等。

(三)展后工作

展览会闭幕至参展人员离开展场期间，展出者必须完成展品和展台的拆除及运输、统计、总结、结账等展出后续工作。

四、阶段五

这一阶段的主要工作是组委会评估总结工作。

每次展览会举办结束后，都应该及时进行评估总结，每个部门都要针对本部门的工作表现进行分析，既要看到此次展会的成功之处，更应认清不足所在。同时，及时调整策略，为下一届招展工作打好基础。

评估总结是展览工作的组成部分。是对展览总体环境和参展整体工作的评估与总结。它的作用和意义在于为判断此次展览工作的效率和效果提供标准和结论，并为提高以后展览工作的效率和效果提供依据和经验。展览评估总结工作的目的主要是总结经验、发现问题、改进工作、提高效率。总结会上，财务部应提交一份展会收支情况报告，财务部部长应对展会收支进行详细说明。盈收结果能够很客观地说明展会的成败情况。

【知识链接】

(一)展览新闻工作计划表

表 3-3　新闻工作计划表

时间	工作计划
8 个月前	1. 任命新闻负责人或联系委托代理 2. 收集、整理、更新目标新闻媒体和人员名单
6 个月前	1. 制订新闻工作计划 2. 准备、编印新闻材料
4 个月前	开始新闻宣传、发放首次新闻稿
2 个月前	1. 举办一次记者招待会，发布展会基本信息 2. 安排展览会期间记者招待会的时间、地点、发言人、内容、议程等 3. 建立展览会新闻中心电子信箱

续表

时间	工作计划
1个月前	1. 准备新闻资料袋 2. 向当地媒体提供展会信息
2星期前	1. 检查展期新闻报道准备工作 2. 积极参与展览会主办方的新闻活动
1星期前	1. 向展览会新闻部门提供有新闻价值的项目、产品、重要活动信息 2. 举办记者招待会
展览会后	1. 收集媒体报道情况 2. 向未能参观展台的记者寄资料袋 3. 向出席招待会、参观展台的记者发感谢信 4. 向所有记者邮寄展台新闻工作报告 5. 与媒体保持联系

(二)公共关系及媒体宣传核查

一次展会的成败与新闻报道和公众宣传有直接的关系。为了最大限度地加强宣传效果应做到以下几点：

1. 采用各种可能的宣传报道形式，如利用电台、电视、全国性和地方性的贸易报刊等宣传；直接邮寄请柬，展览目录；举办招待会；张贴海报；投放车辆流动广告；赠送纪念品等各种形式。

2. 各种广告都必须围绕展览并提及展位。

3. 与所有相关电台、电视节目制作的编辑、记者取得联系。

4. 让在海外的公司负责人及业务代表获得恰当的宣传资料和其他宣传援助。

5. 定期进行新闻发布。

6. 注意定期收集整理简报，并按序归档。

7. 注意及时将电台、电视台的有关节目整理保存。

8. 注意在展览结束至少一个月之内仍然保持适当的情况跟踪。

(三)展览组织机构管理应收款的部分技巧

1. 在日志上记录应付款到期应付日。

2. 清晨打电话给应收款客户，询问何时办理付款手续。

3. 安排人员前去提款。

4. 无法实现专人提款时，要求对方用快递或银行转账等方式汇款。

5. 要求付款时的态度要礼貌而坚定，直到收到款项为止。

【知识链接】

“中国第一展”，中国进出口商品交易会(简称“广交会”)，十分重视网络对展会的营销作用。承办广交会的中国对外贸易中心(集团)专门成立了一个电子商务处，负责有关网络的事宜，承担广交会网络营销主要任务的广交会网站也建设得很有特色。

1. 广交会是我国外贸的晴雨表，采购商来自世界各地。广交会网站设有中、英、法、德、意、俄、韩、日等12种语言，方便使用不同语言的客户上网浏览。

2. 广交会网站设置了了解广交会、采购商指引、参展商指引、新闻中心、服务宝典、网上广交会等主要栏目，以方便读者找到自己想要了解的内容。

3. 网站首页，设置了参展商展品查询、企业视频推介、网上服务大厅、广交会电子商务、现场服务导航、最新采购信息和产品搜索等栏目，功能很强大。①

【探究与实践】

1. 以“上海汽车工业展”为例，设计展览策划的程序。

2. 展览会的可预见性成本包括哪些?

3. 如何理解设计招展书和赞助手册的重要性?

4. 如何组织“汽车展”的专业观众?

5. 阐述展览现场搭建、协调和管理工作的重要意义。

6. 以某个展览会为例，具体分析媒体宣传和广告投放的力度和效果。

① 陈献勇、俞华:《会展主题策划探析》，载《科技创新导报》，2006(3)。

项目三　参展商的参展计划实施

【情景导入】

2003 年 4 月 21 日，上海国际车展组委会发布公告，就展会中出现非典型肺炎病例的传言予以澄清，声明展会上并未出现 SARS 病例，全文如下：

第十届国际汽车工业展览会公告(一)

各参展商：

4 月 21 日下午起，在部分媒体和展商中散布着展会现场已有 SARS 病例且患者已被隔离的谣言。经调查，谣传的起因为：海南旅游卫视这次共来了 10 多人的报道团，其中 1 名主持人在未通知团内其他成员的情况下已于今日乘 CA1502 航班返京，因其采访过部分展商，故一些媒体和展商传出此人已被隔离的谣言。现经与本人电话联系，告知此次来沪采访是受大众公司的邀请，且仅 1 天，任务结束后就自行返回了。

为此，主办单位特此澄清事实真相。同时，我们决定每天出一份简报，向展商和媒体通报各项预防措施，公告当天医学观察站的就诊情况。并公开医学观察站的电话：021-28906390，以便咨询。

上海国际车展组委会

2003 年 4 月 21 日

>> 任务一　知道如何选择合适的展览会 <<

【知识目标】掌握参展必须考虑的各环节因素、参展筹备工作的要素。

【技能目标】熟练掌握和灵活运用危机处理方案。

一、如何选择展览会

(一)明确参展目的

每个参展企业都会根据自身发展的需要，通过展览会实现既定的参展目的。有的企业根据成本核算，觉得与其他种类的广告形式所花费用相比，展览会平均花在每个参观者身上的费用要低得多。有的企业拥有新的产品，认为拿到展会展示是推广新产品简单且成本低的方法。有的企业认为在参展的同时还可以进行市场调研，展览会提供了一个很好的机会，通过展示产品开发市场，与参观者讨论其市场潜力。

当然，换个角度讲，如果没有做好充分的准备工作，最好不要仓促参加展览会。不少参展商所犯的一个共同错误就是尽管花费了很多预算和精力，精心布置了展台，但却不能将组织推动和推销工作有效地进行下去，因而未能达到整个参展过程的最终目标。

(二)选定合适的展览会

在行动之前必须明确参加展会的目标，达到的效果，应根据企业实际情况，论证此次展览会是否确实与企业需要的目标市场相吻合。切忌因喜欢某个展览会招展宣传的表象或其展厅规模，而盲目参展，参加展览会的目的是显示企业的成效，只有选择参加适合本企业的展览会才能产生良好的效果。

除了展览会的内容以外，展出的地点和时间也非常关键。展会举办场地的交通必须便利，能够吸引观众，必须是推介企业新产品的适当场所。展会举办时间要考虑到与企业产品生产周期相符合，并与企业其他广告宣传及销售相配合。以下四点是判断某个展览会是否合适的途径。

1. 该展览会前几届举办情况介绍。这些资料一般来说，能够真实反映展会以往的展台规模、参展商层次、专业观众人数等信息，有助于分析是否值得参展。

2. 观众反馈信息报告。要想对前几届展览会的观众进行了解是非常困难的，但实力较强的一些展览组织者已经开始以观众反馈信息统计表的形式为参展商提供资料报告。

3. 媒体宣传报道。通过阅读相关的行业刊物、商务媒体对以往展览会的报道，可以得到有用的书面证明，有助于判断此次展览会是否有必要参加。

4. 展会目击者的叙述。主办方提供的信息自然都力求说服企业购买展览会的展位，因此往往具有片面性。建议寻找一个中立方，可能是上次参观过展览的人或者是作为参观者去看过展览的一个客户，倾听他们个人对展览会有什么样的评价。把他们的评价与情况介绍、新闻报道结合在一起，有助于做出正确的决定。

二、了解参展要点

(1)制定参展目标。

(2)建立参展指挥系统。

(3)部署任务。

(4)制定倒计时进度表。

(5)提供给每个部门经理各自的工作日程表。

三、标准展台

展会组织者会为客户提供方便实用的标准摊位。每个标准摊位都有预制的展板、洽谈桌、咨询台等，参展商只需提供展品并在自己的展台上进行简单布置即可。是否采用标准展台，应该根据参展商的预算和产品展示需求来综合判断。

选择标准摊位是一种比较经济的参展方式，有些如医药类、食品类、纺织类的展品个性化要求不高，选择标准摊位是比较明智的。而厨房设施、汽车造型、旅游展示等产品的展示往往需要专门搭建特装展台。

一般情况下，标准展台都是由展会组织者统一指定主场公司搭建。每个展台内部都是按照一个统一的标准设计，并配备一些基本设施，通常包括展板、棚板、照明灯光、地毯等。在此基础上，参展公司还可以根据需要增加一些陈列器材，柜台及颜色、大小各异的展示板。对于一些特殊物件或需要刻意突出的展品，还可配备一些特制的精美框架，吸引参观者的注意。

可以选用大屏幕、电脑、花草来突出展台的特色。过去的参展商总认为标准展台不如特装展台有吸引力，然而现在标准展台模板设计和附属设施方面都有了明显的改进。参观者走在展区走道上，很难发现如此各具特色的展品竟是按统一标准模式设计制造出来的，他们的视线往往被展台内陈列的各色展品所吸引。

如果参展公司隶属于一个大型综合性的企业集团，或是集团下属的一个分支机构，而集团公司与本系统内部的几家子公司又同时参展，这时必须要考虑清楚究竟是在集团名下将所有参展子公司集中在一块大展区，还是各子公司独立参展。这主要取决于此次展览会的行业分化程度，以及本系统内部各个营销集体的统一性和差异性。根据以往的经验来看，一般最好采取各个子公司分别在各自行业分区内，作为独立实体参展。但同时强调自己属于某个大型企业集团，并标明其他参展子公司所在的展台位置。

四、特殊装修展位

特殊装修的展台的规模和效果肯定会更好，但费用上会比标准摊位高出很多。如果参展企业的参展目标主要是体现企业的品牌形象和企业竞争实力，建议选择特殊装修展位。这就需要首先向展会组织者预定相当面积的空地而不是标准摊位，租用空地的费用要比标准摊位便宜很多。然后，选择适合的搭建商进行特殊装修布展。像旅游形象、汽车品牌、大型消费品企业必须租用大面积空地进行布展。特殊装修的设计和搭建并不是本书所阐述的重点，这里就不另外展开了。

无论是标准摊位还是特殊装修，参展的组织工作非常重要。从决定参展之时就要选择并任命展览事务经理，总体负责所有与展览有关的筹划、组织工作，以达到参展的目的。展览经理的工作要得到公司高层领导的绝对信任与支持，因为他代表公司所做出的决定将影响公司在目前和未来客户心目中的形象。当然，参加展览会就意味着组织内部的各部门人员都要积极参与配合，这一点决定了展览经理必须被认可为整个项目的总负责人。从开始参加展览会筹划到展览会结束，对整个参展活动的评估，展览经理都要进行监督，并对每一个环节了如指掌。由于要在限定的时间内处理好展览会中众多的事项，因此在整个展览会期间不宜让他再去负责其他与展览无关的重大事项。展览经理将是决定整个项目成败的关键人物。

五、展台的特色亮点

展台的基本功能是依靠销售点对外宣传和销售产品。为了使展台销售工作更有成效，参展商需要解决一系列的问题。

(1)为了便于销售，参展的工作人员对展台设计有什么要求？

(2)工作人员如何与参观者顺利而直接地接触？

(3)在展会现场共需要多少销售点？

(4)这些销售点应该设置在展场什么地方？

(5)为达到以上目的而设计的展台形式是怎样的？

(6)派到展场的销售人员有多少？

通常情况下，参展商都不太注意这些要素，并且也不能肯定设计师会了解展览会期间的销售过程。因此，市场部和营销部应当协助介绍这方面的情况，因为市场部很清楚参展的目标是什么，也完全了解参展的特殊销售优势，即能在一个公平中立的环境里与客户会面。

工作人员在展台旁强行留住过往的观众并进行推销，或是和以往熟悉的同行或同事们喝茶聊天，这两种行为都可能将一个有希望成为企业客户的买家拒之门外。因此，工作人员所站的位置和展品的摆放位置同等重要。在确定设计展台布置和宣传的方式时，必须要充分考虑工作人员的重要性。

当然，展览会的产品现场销售技巧很值得研究，针对某些非专业观众占用展台工作人员较多时间来询问和讨论无明确采购目的的产品的情况，既无法避免又必须认真对待。这就要求参展工作人员要及时记录下各种咨询，然后对销售人员进行有针对性的培训，让他们学会筛选不着边际、浪费时间的各种询问，尽量把有限的参展时间留给真正有购买需求的客户。

细心的参展商会在展台的三种距离层次观察自己的展位效果。第一，从通道的尽头或展厅远处另一端观察展台。这就要求设计醒目的招牌，使观众比较容易找寻你的展台。第二，展厅内人流穿梭，参展的人群会挡住专业观众的视线，导致他们根本无法看清展台的细节，也许唯一能够看清楚的是展台的上部和公司招牌部分，所以一定要设计容易辨认的公司标识。第三，当参观者从展台旁边走过时，展台必须要有足够的吸引力，把他们的注意力从各种视线干扰中完全吸引过来。

吸引视线不只是纯粹吸引人的视线，更重要的是要与所推销的产品有关。现在的汽车工业展览会上，清一色年轻漂亮的女郎。其实，观众只是被漂亮女郎吸引，反而忽略了所展示的汽车新品。因此更为明智的做法是利用与产品有关的装饰，或直接将产品作为装饰材料，使观众看到这些装饰就能联想到产品。

>> 任务二 了解展览保险并掌握危机处理 <<

【知识目标】了解展览保险的内容。

【技能目标】掌握展览会危机处理的方式。

一、展览责任保险

规范的大型展览会一定很注重为参展商和展品投保展览会责任险，但是保险范围有着严格的规定，一般不包括展品和设施的损失、被保险人或其雇佣人员的故意或违法行为所引起的财务损失和人身伤亡。

大多数组织者承担保险义务有标准的方式，其中突出的标准如下。

(1)参展商投保一切险，包括火灾、盗窃等。投保对象为展位、家具布置、展品及其他私有财产，同时参展商应为工作人员及参观者投“公众责任险”，保险期限自展位搭建开始之时生效，到展厅全部清理完毕之时为止。

(2)参展商应就展览会因故取消或部分关闭等事件投保。

(3)涉外参展，展品应在转运过程中投保。若是冷冻产品或易损坏货物，则有必要投“特殊损害险”。

(4)前往海外的员工应有医疗保险。

二、展览会危机处理

任何企业参展的直接原因是将新产品实物向潜在采购商和参观者进行展示。但在时间的配合上有一定的风险，尤其当新产品在参展时，这些产品可能面临生产线受阻，或者产品来不及生产，也可能还没有通过有关认证机构的测试或如期批准等。这样就会使预定的展台上没有多少新产品可以布置，还留有大量空位。面对这种情况，参展企业可采用的应对措施具体包括以下几点。

(1)当地的代理商根据现有的存货为参展企业的展位空地提供足够多的展品。

(2) 参展企业可要求主场承建公司的家具供应商临时提供一些家具来填补空间，同时把参展商与未来客户休息交流的场所进一步扩大。

(3)如果上述途径不可行，当机立断往展位增派人手，让一些比较熟悉产品的销售人员直接与参观者交谈。此外，也可以向当地的代理商借用推销人员。

(4)为了预防展品因各种意外而无法正常到位的事件发生，在计划之初就应该准备好有关产品介绍的 VCD、光盘、录像带、幻灯片、U 盘等应急资料，一旦发生意外，就可以使用事先准备好的方案，仍然有可能使展台达到吸引观众的目的。

除了展台缺少展品布置的尴尬情况以外，要展出非标准规格的特殊展品，应该事先与展览组织者进行必要的联系。这些产品可能需要专门的供电设施、特殊的搬运设备等。展览组织者根据参展商上报的数据和产品性能说明，会根据展览场馆现有条件做出明确指示和安排。参展商如要展出某些超大超重、不规则造型的产品，就必须尽早与展览组织者商定展品运输等问题，如果展厅通道已被其他展商占满，那么到了最后时刻，这些重要设备将被禁止运入展场。此外，还要检查地板的承重量。在国内，可能会选择直接在水泥场地上铺设地毯，而在欧洲的一些展台，地板是用纯木料搭建的，除非参展者采取适当的措施，否则展台就会由于承受不起过重负荷而发生坍塌，特别是采用两层搭建形式的展区。通常的做法是在展台地板下铺设砖块，由展厅的地面直接承重。

【知识链接】

展出工作方案

1. 基本事项

(1)展览会名标或展览项目名称(全称、简称、中文、外文)。

(2)展览日期。

(3)开馆时间。

(4)会场地点。

(5)会场使用日期。

(6)展览内容。

(7)展览性质。

(8)观众性质和入场方式。

(9)展出目的。

(10)展出内容。

(11)展出面积、展出规模。

(12)主办者。

(13) 协办者、赞助者、支持者。

(14)承办者。

(以上各项主要供有关领导和部门掌握，并可以作为基本宣传资料)

2. 总体安排

(1)成立筹备组，安排人员分工。

(2)制定工作方案。

(3)制定工作日程。

(4)制定费用预算。

(5)确定合作者，商量分工、落实方案、签订协议。

(6)召开筹备人员会议。

3. 设计施工

(1)设计。

• 确定设计整体要求、风格、标志、色调等；

• 选择设计师或设计公司、交代设计要求；

• 进行场地设计，包括平面设计、单元设计、施工设计、道具设计；

• 宣传设计：广告海报、资料、资料袋、信封、信纸等；

• 特殊设计：大门、装饰、问讯台等；

• 内部审查、外部审查；

• 修改设计；

• 向参展公司提出设计施工方面的要求。

(2)施工：选择、委托施工公司，安排、监督施工。

(3)会场。

• 确定面积；

• 制作资料和图纸(规定、图纸、申请表、合同等)；

• 选择场地、租用场地；

• 准备基础设施：地面、照明电、水、空调、消防、扩音设备、仓库、办公室、会议室等；

• 需要注意的事项：通道宽度、紧急出口禁止明火禁烟、限高等；

• 安排展期的展场管理、保卫、清扫。

(4)展台。

• 基本设施：尺寸、用料、地面覆盖物、框、架、桌、椅、废纸篓等；

• 租用设施：展柜、展架、模型、模特儿、衣架、灯具等；

• 其他服务：电、水、气等。

(5)办公室、接待室、备餐室、休息室。

• 家具：沙发、办公桌、椅等；

• 用具：电话、传真、复印机、打印机、电脑、冰箱、茶具等。

(6)道具运输，包括去程和回程道具装箱、制作清册等。

(7)施工安排。

• 特殊道具制作：文图大门、问讯台等；

• 展出期间展台维护。

4. 展品运输

（1）参展公司

• 招展宣传寄发申请表；

• 确认申请，召开展出者筹备会议，分发或寄送有关资料：展览会概况、联系地址、工作日程、运输安排、设计要求等。

（2）展品

• 公司安排的展品、模型(种类、范围、数量等)；

• 统一征集、调转采购的展品；

• 装箱前测试将要做现场演示的展品；

• 准备或要求准备展品说明包括技术数据说明、文案说明等；

• 安排或要求安排包装；

• 大型展品比如机械设备运至展台后；安排组装调试。

(3)运输

• 安排运输流程：展品集中日期，办理单证，展品陆运发运日期，限品海运发运日期，办理通关和保税手续，展品运至展台时间，空箱储存、回运。回运展品道具时间，办理结关、回运手续，回运发运日期；

• 选择运输公司和代理：索价、比价、谈判、签约；

• 集中展品、理货；

• 租船：船名、船期；

• 装箱：集装箱或木套箱，落实箱源；

• 安排装车、装船；

• 国外运输安排：通关、运至展台、开箱清点、空箱存放和回运、结关、安排回程运输；

• 回国运输安排：结关、港口至仓库运输、分运开箱清点交接。

(4)有关手续及单证：参展者办理，组织者审核、汇总。

• 做清册(15 份)，内容包括展品、免费样品、招待品、赠送品、工具等；

• 做货载衡量单(8 份)，由参展者办理，组织者汇总；

• 办理出口许可证，注意一般许可或特别许可；

• 做类别单；

• 出具报关函、出口报关单；

• 办理运输保险；

• 办理商检证(由参展者办理)；

• 办理普惠制证明；

• 办理原产地证明或领事认证(由组织者办理)；

• 出具货物港务费函，包装情况表等；

• 填写装箱单；

• 装车、船后索要提单。

5. 宣传广告

(1)宣传文字

(2)基本资料

• 展览概要(单页)；

• 展览指南：公司介绍(名称、地址)、展出内容、产品介绍、展台号等，平面图、会场地图、导向图、询问地址等；

• 信封、信纸、资料袋。

(3) 宣传对象：贸易商、制造商、零售商、批发商、消费者等。

(4)宣传渠道：公关代理、广告代理、使馆、航空公司、贸易机构等。

(5)宣传方式

• 新闻：记者招待会、新闻发布会；

• 刊物：在报纸、杂志内部刊物刊登广告消息；

• 海报、招牌广告；

• 直接发函：组织者和参展者都要寄发，寄发给目标观众、工商团体、新闻机构等；

• 电视、电台：刊登广告、消息；

• 记录：摄像、摄影(开幕式、招待会、记者招待会展场、洽谈等)；

• 展览会目录：提交登录材料、刊登广告。

(6)宣传资料运输：装箱、造册。

6. 展台工作和贸易活动

(1)准备货源、货单、价格单、合同和成交条件。

(2)编制询问表、记录表、统计表和其他表格。

(3)选择、培训展台人员，交代展台工作要求。

(4)布置展台、检查展台文字、测试展品。

(5)介绍、演示展品。

(6)分发资料。

(7)接待记者、贵宾、观众。

(8)贸易洽谈、讲座。

(9)报告会、讲座。

(10)统计、记录。

(11)展台管理：安排轮班，安排、管理现场工作，维护展台环境和秩序，监督展台人员的工作和效率，总结分析每天展出情况，进行必要的工作调整。

(12)评估总结。

(13)完善后续工作。

7. 仪式

(1)开幕式、闭馆日、招待会：时间、地点、范围、规模、程序、出席人(名单)、邀请(请柬、印刷、邮发)、签到(名片盒、签到簿、签字笔、胸牌、胸花)、仪式、讲话(讲话稿内容、审核、翻译、设备)、剪彩(立杆、彩带、剪刀、手套、托盘、持彩托盘人、引导)、参观(路线、引导、解说)、招待会、备餐(人数、标准、酒水)、资料(展览会介绍、讲台稿、贵宾名单)、礼品。

(2)邀请安排。

• 邀请函或请柬格式；

• 印制、寄发日程；

• 邀请范围、名单收集筛选。

(3)人员安排。

• 发言人；

• 工作人员。

(4)场地安排：大厅、贵宾室、签到台、租用布置。

(5)用具、资料。

• 用具：国旗、国歌资源或乐谱、签到簿、签到笔、名片盒、胸花、装饰花、彩带、立杆、剪刀、手套、托盘；

• 资料：仪式程序表、讲话稿、展览介绍。

(6)其他安排：停车、贵宾引导、安全、消防。

8. 交际

(1)拜会：对象、日程、安排、资料、礼品。

(2)宴请：对象、日期、地点、菜单安排、座位安排、讲话安排。

(3)礼品、采购、制作、包装。

(4)联系征求支持单位。

(5)发函致谢支持单位。

(6)礼品、招待品装箱造册。

9. 行政

(1)展览团：设立展览团管理体系，任命展览团管理人员，挑选展台人员包括推销人员、技术人员等，雇佣展台辅助人员、包括招待员、译员，编制名单等。

(2)证件：办理签证、展览会入场证等。

(3)交通：安排行期和路线、预订机、船、车票，向参展公司确认或自行安排。

(4)市内交通：接送班车时间、停靠地点。

(5)住宿统计要求：寻房、索价、谈判、订房。向参展公司确认或自行安排。

(6)膳食：统计要求，选择餐厅谈价、订餐，向参展公司确认或自行安排。

(7)服装：统一制作，或提出要求。

(8)财务：做预算、管理开支、支付费用，包括展览场地费、施工费、道具费、水电费、电话费、运输费、住房费、广告费等。

【探究与实践】

1. 要使参展取得成功应了解哪些方面的信息？

2. 选择适合自己的展览会应考虑哪些因素？

项目四　参展人员的聘用与培训

【情景导入】

注册会展经理培训是国际会展专业培训项目之一，由国际展览与项目协会(IAEE)于1975年创立。为提升我国办展水平和国际竞争力，提高展览从业人员专业水平，中国国际贸易促进委员会(CCPIT)与国际展览与项目协会(IAEE)合作，于2003年将该协会开发和运营的注册会展经理(CEM)培训项目引入中国。我国会展从业人员参加培训、考试合格后，将获得由IAEE和CCPIT联合颁发的国际性的会展管理认证证书，CEM证书被认为是会展从业人员具有较高专业管理知识、能力和水平的标志。

>> 任务一　了解参展人员的培训目的并熟悉培训手段 <<

【知识目标】了解培训参展商的目的，熟悉培训方法。

【技能目标】掌握编制《员工参展手册》方法。

一个成功的展会，需要工作人员的专业水平来保证良好的展出效果。通常在展会策划实施前，需要对展台人员进行展前培训，培训包括临时雇用人员和固定工作人员，作为固定工作人员的公司高级人员也应当接受培训。其中，展台人员在培训过程中需要了解展出目的，掌握展台工作技巧，培养集体意识。

无论是参展商长期雇用的正式员工还是协助销售经理工作的专门助理，都需要对工作职责和展出目的有清晰的认识，明白自己需要做什么、怎样做和为什么这样做。所以，在条件允许的情况下，需要对参展人员进行正规培训，具体培训内容通常依据各公司实际情况而定，公司在制定培训内容的时候，通常需要考虑以下几点。

1. 时间。如果展出有足够的时间，需要制订培训计划并编制培训手册，培训时间通常为0.5～2天。如果展会规模比较小或时间比较紧张，可就紧要问题和工作进行交接，并进行技术培训。

2. 产品。参展人员对产品认识越到位，培训效率越高，反之则需要花费较长时间来介绍展出产品。

3. 团队。参展人员数量、成员之间的熟悉程度和团队的经验水平都是制定培训内容的依据。团队规模越大，培训时间和内容则越复杂；成员之间熟悉程度越高，越有利于培训；团队的经验水平越丰富，培训起来越容易，效果也越好。

4. 规模。展览的规模越大，需要的团队规模也会越大，培训内容越详细，反之亦然。

5. 销售。展会的目的归根结底在于产品的销售，那么所选用的促销手段、销售人员的技术、定价策略都可能影响到展会的效果，所以需要对参展人员进行展前培训。

除此之外，展会培训还受到其他因素影响，比如会址、天气等，在培训前需尽可能全面地考虑到。

参展人员培训主要包括以下内容。

1. 企业参展目标。包括基本目标、产品目标、价格目标、销售目标和宣传目标。

2. 展会基本情况。具体包括人员情况、筹备准备情况和展出情况。

3. 展台礼仪规范。主要训练展台接待礼仪规范和推销技巧。

4. 参展流程。包括观众接待、商务洽谈、资料分发、公关、宣传等各环节。

5. 商务交往方法。商务交往注意事项、技巧和禁忌。

6. 产品知识。每一样展品的性能、数据、用法、用途均需介绍清楚。

7. 有效客户识别技巧。有效顾客是产品购买的潜在客户，能快速准确识别有效顾客是展台人员必备的能力，在培训过程中，必须注意技巧方面的培训。

>> 任务二　确定参展人员 <<

【知识目标】了解确定参展人员的原则。

【技能目标】掌握确定参展人员的具体步骤。

足够的人手以及合理的人员安排是处理突发状况时展会顺利进行的推动力，也是展会策划极为重要的一环。在参展之前首先要确定参展人员并进行科学有效的分工，给予足够的权限，才能有效地控制展会的进度。

一、人员分工计划、展览策划、投资计划和宣传推广计划，在实施过程中相辅相成

(1)人员分工计划即对展会工作人员的工作进行统筹安排。

(2)展览策划即为吸引企业参展而制定的各种策略、措施和方法。

(3)投资计划主要是制定多种策略、措施和方法，以吸引观众参观展览会。

(4)宣传推广计划旨在建立展览的品牌和形象，同时服务展览，促进招商。

二、展会时间安排、现场管理计划和相关活动计划是展会策划的重点

(1)展会的时间安排是对展会招聘、投资推广和摊位分工的及时统筹。展览的时间表安排合理，展览的筹备工作才能有条不紊地进行。

(2)现场管理计划是展会开幕后为有效管理展览场地而做出的各种规划与安排。一般包括展会开幕计划、展会观众登记计划、管理计划和撤展计划。现场管理计划安排得好，展览现场才能秩序井然。

(3)相关活动计划是展览期间各项相关活动的策划安排。与展会同期最常见的相关活动包括技术交流、研讨会及各类表演等，是对展会的有益补充。

三、展会工作人员数目确定

通常由参展公司自行结合产品、展会需要及目标客户的情况决定参展人员的数量。

标准展台的面积只有9平方米，参展人员太多，会造成展台拥挤，使观众无法进入。通常需要迎宾1～2人，产品推介员1～2人，谈判员1人，信息收集员1～2人。

如果是第一次参加展会，设计师应该在策划阶段被告知销售点的数量和推广方式。如果向客户销售高科技设备，需要安排专家待场随时解答。其他客户，则可以安排两三个负责人和几个临时雇员陪伴，但后者必须了解参展商的销售意图，了解产品，知道参展商的要求。

四、合理的人员配置和培训

无论是正式员工还是临时员工，都应该善于营销，充满活力，注意力集中。展商代表公司的形象，所以必须准时上班，提供热情周到的服务。如果在国外参展，展会总负责人应该决定参展商是否需要安排懂外语的员工，以及安排几个人。如果展会距离公司的办公室较远，需要考虑他们的食宿等事项。还需要预先制定合理的值勤时间表，以保证展台上至少有负责人员值班。

如果是食品展，需要向买家演示生产过程，演示人员应该放慢节奏，配上详细的解说，还要考虑解说的艺术性以达到吸引顾客的目的。

不论参加哪种展览，参展人员通过展会前的培训都需要明白，在展台上进行销售和地推是完全不同的。

【知识链接】

公司历史、目标、组织、政策、程序甚至是企业文化的信息，在展会之前都需

要让参展人员尽可能了解。了解公司政策与程序及其原因就能知道公司运作的程序，进而自觉遵守公司规定，认真履责做好推介。

【探究与实践】

1. 展会策划中如何合理地安排人员？

2. 参展人员如何分工，所需人数如何确定？

>> 任务三 了解参展培训要求 <<

【知识目标】了解参展培训要求。

【技能目标】掌握参展培训的程序。

一、编写和发放参展手册

参展前结合展会需求和培训目的，需要编写并向展会工作人员发放《展会参展手册》，手册内容主要包括展台的特色，新产品介绍，特殊陈列品，展位布置，展台工作人员情况及分工，供招待用的饮料、食品、小纪念品放置处及管理办法，对成本昂贵的宣传册的派赠等。为了应对紧急和突发状况，还需要将故障应急维修联络表附在参展手册中。展厅内各项设施分布情况，包括公用电话、银行、消防通道、电梯、新闻中心、失物招领、急救站、卫生间等所处的位置也需要在手册中详细列出。如果临时得知有贵宾参观，还需要有通知公司总经理的途径和方式。

展会手册编写并校对完毕后，需尽快发放给参展人员和其他有需要的工作人员，做到人手一册，对于替补人员和来自总部的参观者也需要发放。

二、展台工作人员注意事项

展台工作人员需要积极主动地接触客户，通过营销技巧完成销售目标。展会期间，要想达到展会目的，需要注意以下问题。

1. 熟悉产品推介，包括产品特点、价格和周围展台替代品的情况。

2. 注意交往礼仪。接触客户要正面积极，不要从背后接近客户。接触过程中尝试了解客户的姓名、公司名称以及职位，辨明来者身份很重要。要尽量留住首次找上门来的重要的买家，随便参观的观众也要尽量吸引，当竞争对手前来查探你的产品时要注意保密。

在参观过程中，工作人员必须书面登记客户的身份情况，不能随便记录，需要用专门准备的调查表格认真填写，避免丢失客户、错过订单。

3. 关注展台周围情况。展台工作人员的位置要根据周围通道过往的人流情况来安排，既不可挡住特殊展品，又要以最佳角度欢迎客户。

4. 关心展台人员。展台人员长时间站立容易倦怠，影响效果，可以让展台工作人员适当休息放松一下，但是要保证两点：一是要轮流交替休息，不可出现展位无人监管的情况；二是要告知去向和返回时间。

5. 保障资料充足。要随时准备足够数量的介绍资料提供给参观者，摆放要注意技巧，不可太整齐，参观者不好意思自取，也不可太杂乱，让参观者产生不好的印象。

6. 营造良好的展馆氛围。展馆氛围一定要和展览产品、目的相匹配，不可过度装饰，要营造轻松、舒适的展馆环境又不过度分散客户注意力，最终实现促进销售，保证对话、询问和服务都围绕销售展开的目的。

三、客户谈判技巧

(一)确定客户

有些客户在展会现场就有明确的意向，对待这类确定客户，展台工作人员需要按照客户要求提供详细的资料，开证，交付订金或者签订合同，保证后续交易完成。一旦出现迟不开证或不交付订金的情况，一定要高度重视，及时发现问题，提出解决策略，挽回顾客，达成交易。

(二)意向客户

通过沟通交流确定客户潜力程度，咨询过程越详细、条款询问越多，交易可能性越大，需要把这类客户的信息详细登记清楚，并做好标记，以便展会后进一步深入洽谈。要把咨询过程中提到的资料、所涉及的问题标得清清楚楚并发给客户，落实打样寄送，客户可能会根据收到的样品进行择优下单。如若发过样本没有再次联系，也不要放弃，要主动联系客户，有新的产品及时推荐，争取下一次合作。

(三)谈判过程

1. 某个条款或价格谈不来时，不可立刻妥协，需要再一次试探客户的交易接受底线，如果客户有意向退步，可坚持，若客户态度坚决，则可在公司容忍程度下适当妥协。

2. 对要求发资料的客户，则尽可能礼貌、周到地完成服务过程。

(四)走访客户

展会上很大一部分客户只是随意走访，要发送名片给这类客户，主要目的是增加他们对产品的了解和兴趣，或者用线上网站、H5 宣传链接等让客户参观了解企业情况和主要经营产品，再按照不同的情况分发不同的资料，客户可能会在浏览过程中发现需要的产品。

【知识链接】

参观者信息登记表

以下是一张典型的参观者信息登记表，它在形式上与VISA卡、American Express卡等信用卡相似。这种表格通常一式三份，其中两份交给公司公关部、销售部备案，最后一份送至参观者所在地区的公司代表。

1. 当在使用参观者信息登记表时，这些表格可与电子记录表通用。

2. 可在表上附参观者名片。

3. 这些表格可手写填写，但最好都采用大写黑体。这些表格需要每日更新，编号整理，并按不同部门存放备案。①

参观者信息登记表(范本)

展览询问内容：	参观者姓名：	
职务：	业务范围/类型：	
参观者目前业务状况：		
需要采用哪种服务方式： □送发资料	□寄送资料	□提供预计资料
提供服务日期：		
询问接待人：	日期：	电话：

【知识链接】

据统计，首届中国国际进口博览会(简称“进博会”)期间，约50%的参展人员通过轨道交通出行方式参加进博会，其中，轨交2号线是最重要的线路。乘客乘坐轨交2号线到达徐泾东站后，须沿站厅地下通道步行到国家会展中心外围站口出站，通过人行天桥重返国家会展中心排队验证、安检，入场高峰时段步行加验证安检整个过程耗时较长。第二届进博会，位于国家会展中心围栏内的2号线徐泾东站出入口将实现“能开尽开”，把4号、5号站口作为人员进场、离场的主要出入口，并相应设计了4条常规客流引导线路及2条极端大客流引导线路，乘客从出站到进馆步行距离较去年进博会期间缩短一半以上。在前阶段“工博会”“纺织面料展”期间，公安机关连续开展了实景演练和压力测试。从演练结果看，入场高峰时段，可以确保不超过30分钟就能顺利进馆。平峰时段入馆时间更快，基本10分钟内就可入馆。此外，离场高峰时段，4号、5号站口的开放将大大缩短人员的步行距离和离场耗时。此项措施的推出，不仅大大节省了参展人员进场、离场的时间，同时也为均衡国家会展中心西、南、北三侧入馆客流起到了积极作用。

---

① 资料来源：《会展策划与实务》，镇剑虹、吴信菊著，上海，上海交通大学出版社，2005-04。

【探究与实践】

1. 如何对参展人员进行培训?

2. 谈谈《员工参展手册》的基本内容，并结合实例予以说明。

项目五　展览的设计

【情景导入一】

“新时代新生活”第三届中国设计大展及公共艺术专题展开幕

由中华人民共和国文化和旅游部、广东省人民政府和深圳市人民政府主办的第三届中国设计大展及公共艺术专题展于2019年1月11日在深圳市当代艺术与城市规划馆开幕。展览由文化和旅游部艺术司、广东省文化和旅游厅、中共深圳市委宣传部、深圳市文体旅游局承办，执行单位为深圳市关山月美术馆，展期从2019年1月11日至4月6日。

展览邀请了重要的全国性行业协会、专业院校、媒体、设计师事务所等相关机构，以及学术委员会委员等相关领域权威专家，共75个机构和个人提名。此外，由展览办公室公开发布征稿启事，面向社会公开征集符合展览要求的案例和作品，由策展团队进行遴选后纳入展览方案。

以案例为方法，展示文化逻辑

2008年奥运会在北京的举办不仅是中国体育事业的伟大成就，同时，它带动了中国从基础建设到公共服务领域的全面升级。设计在中国当代生活中扮演的角色越来越重要，2012年，首届中国设计大展以“时代创造”为题，整合展出了包括平面设计、产品设计、空间设计以及跨界综合设计在内的中国众多设计门类，汇聚我国设计界所取得的丰硕成果。通过评选，申报的11000余件作品中有600余件作品参加展览。2016年1月8日，第二届中国设计大展及公共艺术专题展在深圳关山月美术馆开幕。展览以“设计责任”为主题，展出2012年至2016年的重要作品，并增设了公共艺术专题展。第二届在展览之外增设论坛环节，在设计理论和学术探讨的层面上强调了设计大展的研究属性。

策展团队通过对两次大展的调查反馈，在组织和呈现方式上做出了相应的调整，第三届中国设计大展及公共艺术专题展强化了第二届以“案例”为结构的展览形式，系统讲述了新时代背景下设计及公共艺术与新生活的关系。围绕“案例”，展览选取具有典型性、叙述性、逻辑性的设计师的作品。通过对这一领域不同思路、不同形式作品之间的对比、研究，揭示“案例”背后的创作逻辑以及时代背景，从设计的视角呈现中国现代化建设的重要成果。

以科技为依托，回应人民需求

本届展览中，我们不仅能看到飞机、轮船、高铁、智能城市系统等大型工业设计，还能看到新能源汽车、智能家居机器人、便携式医疗设备等与我们日常生活密切相关的设计产品。科技和设计的结合还体现在交互设计领域。随着网络技术的快速发展，服务内容不断升级，交互设计已经成为日常生活中不可或缺的工具。在此次大展中，“中国智造”“科艺融合”“智慧城市”三个板块将集中展现科技和艺术从国之重器到生活方式的“新生活”。设计创新是联系科学技术、文化艺术与经济发展之间的纽带，是一个国家物质、文化和经济水平的综合体现。科技成果包括的新知识和新技术可以通过多种途径转化为生产力。但是只有通过设计，特别是产品的创新设计才能直接进入市场变为财富，并为用户所用，实现科技成果支撑经济发展的价值和作用。

以产业为视角，量化社会功能

设计作品不仅在艺术性上要经得起考量，更要依赖社会合作来实现它的价值。大展召集人杭间说：“今天的设计大部分都是跨界综合设计，需要整个系统的综合。这个展览的发生非常符合未来设计学院的发展方向，也为未来设计学院培养人才提供了参考标准。它侧重设计师综合能力的培养，而不是单一的创作。”

设计的成功是与产业通力协作的结果。在此次大展的案例中，我们能看到触手可及的酒水饮料和零食包装，这些融入我们日常生活的设计，已经成为一种自然而然的存在。同时，我们还能看到传统文化、传统领域搭载全新的设计形式和推广渠道，在新的消费环境中重新焕发生机的案例。设计产业是实现设计价值的“最后一公里”。所有作品都是通过服务产业去影响现代生活的。不少案例让我们看到，设计师在专注自己设计的同时，在互联网的平台上找到了精准的合作伙伴，在产业细分的今天，专业的人做专业的事，就促成了一个专业的高度。

以价值为支撑，催生新评价标准

从包豪斯风格设计开始算起，世界现代设计刚好有100年的时间，而中国教育体系引入现代设计的理念只有30年的历史。以中国现实为依托，伴随着经济的高速发展，中国设计不管从学理上还是应用上，都凸显着强烈的中国特色。在互联网通讯便捷的今天，中国设计师与世界设计界的交流和合作越来越多，同时越来越多的国际设计事务所在中国实施项目，“中国设计”和“为中国而设计”都成为彰显中国现代化建设成果的重要展示。

从展览中，我们可以看到，越来越多的设计作品在教育、环保、医疗、环境友好、邻里关系方面做出努力。同时公共艺术部分也将视角放到乡村，在发展“不平衡不充分”的背景下，以宏观和开放的视角推动全社会的共同发展。

近些年很多设计师都将注意力投入设计伦理、环境友好这些价值上来，这将是一种趋势。在我提交的案例中，就有关注生态的作品，也有通过设计试图提醒人们注意一些不良行为、矫正某些错误做法的作品。这些作品从纯设计的角度看，也许还存在着一些问题，但是从伦理和环境的角度看，它们有明显的针对性，对待这样的作品，我们要建立新的评价标准和体系。

以城市为背景，彰显文化特色

作为中国改革开放的前沿城市，深圳以其包容开放的文化独具特色。以产业繁荣带动城市文化发展，从1992年开始，“平面设计在中国”展览就在深圳举办，现在这个展览已经成为中国设计领域最有影响力的展览之一。1999年，第九届全国美术作品展览在关山月美术馆首次开设艺术设计展，为国家级设计展览开了先河。2008年，深圳被联合国教科文组织认定为“设计之都”，成为深圳的一张文化名片。

2012年以来，设计大展已经进行到第三届。“时代创造”“设计责任”“新时代新生活”都体现了国家不同时期对设计的判断。改革开放以来，深圳的经济有了很大的发展，同时因为靠近中国香港，深圳具有开放的视野。2006年，关山月美术馆把设计艺术作为一个学术研究方向。设计与城市发展的方方面面发生关系，这是与深圳的经济和产业发展相吻合的。①

【情景导入二】

2012年泰国曼谷光伏展太阳能展——晶科能源有限公司特装展台展示设计

晶科能源有限公司是中国领先的光伏产品制造商，注册资金1.9亿美元，是(香港)栢嘉科技有限公司全资创办的外资企业。公司自成立以来，大力引进国际先进生产设备，不断扩大生产规模，是中国最具潜力的光伏企业之一。

公司于2012年参加了泰国曼谷光伏展太阳能展。公司本次参展的展台规模为小型展台，展台面积为36平方米，采取的是两面开放式布局。洽谈区位于整排展位的中间位置，前后与两条平行的通道相邻。

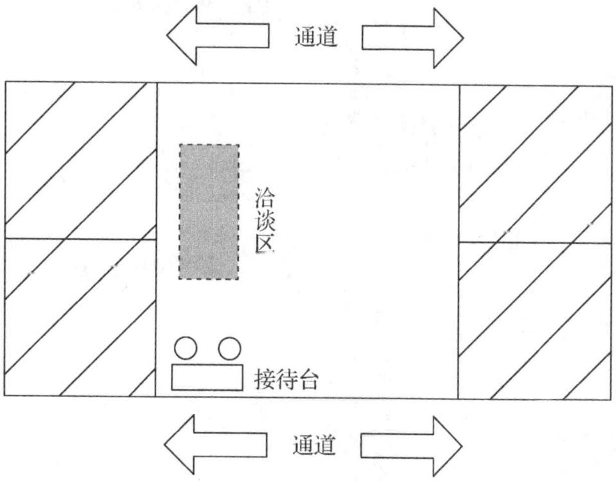

图3-3

① 张玉梅、于园媛：《“新时代新生活”第三届中国设计大展及公共艺术专题展开幕》，载《光明日报》，2019-01-11，选入本书时有改动。

这种展位最大的特点就是它的穿越式展位，只有引导观众穿过展位才能达到宣传和展示的目的。因展台面积的限制，接待、洽谈等功能区并不能与通道各取一侧，但展位保持了通透性，同时就整体而言，整个展位设计仍有效地对空间进行了集中使用，展位的基本功能得以实现。

1. 创意分析

晶科能源专注于为客户提供世界领先水平的光伏产品，大力实施科技创新。因此展位选用两块大型的硅片模型，展示了公司代表产品，极大地冲击了人们的眼球，既服务了展品，又很好地烘托了空间氛围。而流线型的塑料板给人一种动态的感觉，时尚又新异，突出了产品的先进与高端。

2. 造型设计

晶科能源的展厅大致分两个区域，交谈(休息)区与展示区。外面是由一块流线的塑料板、两个硅片模型以及展板组成，流动感十足。展厅里面主要是一个大的立体连接在塑料板上的展柜，图片主要以企业和工作人员为主，简单明了的设计更加凸显产品本身的价值。

3. 色彩设计

色彩设计是展台的生机所在，这款展厅的设计主要由白色、绿色两大色系构成。白色能使空间明朗，绿色突出了晶科能源“阳光品质，服务全球”的理念，以及分享世界绿色能源在阳光下的成长喜悦。当然，绿色的使用也利用了人的视觉习惯、向光性以及视觉规律，使其在展台中脱颖而出，为展台吸引更多的观众。

4. 布局分析

图 3-4

展品布局采用特写陈列法，使用放大的硅板模型以及扩张的巨幅照片重点突出企业产品和企业环境。整个展台在展具的选择上，也遵循部分服从整体的理念，对可以展示的产品采用壁贴陈列的方法。其他展具也是以绿色和白色为主色调，整体布局给人一种清新整洁的感觉，让参观者感觉仿佛是在一个画廊或者是艺术中心参观。这种展台可以有效提高产品的知名度，使产品在参观者心中留下一定的印象，增加产品的销售量。晶科能源此次展台设计是一次很成功的案例，因地制宜，结合自己企业的形象和产品特色，宣扬了企业的理念，很好地宣传了产品。

【情景导入三】

南方某地区一家颇有实力的机械设备企业参加某机械设备展会。该公司的展位为36平方米的特装展位，高度较高，企业形象突出。由于机械设备运输比较困难，其展位上没有实物机械，仅有少量展品目录和宣传册。展位内有4张圆桌和若干椅子，摆放于靠近通道的位置。

从整个展位的设置来看，该企业有一定的实力，对自身产品比较有信心，认为客户对企业生产的机械的性能比较熟悉，参展目的明显不在于展示产品，而是侧重于与老客户沟通交流。因此，其洽谈区面积占总面积的比例很大，是正确的。但是，展位的设计明显私密性不足，洽谈区过于开放且临近通道，不利于与客户在安静的环境里沟通。另外，辅助功能区的设计也不细致，没有用于制作饮料的厨房区。

除以上案例外，中国出国参展企业在展位功能区设置方面还存在很多问题：有的企业将展品堆满整个展位，这不仅使展品显得十分廉价，还使洽谈环境变得十分恶劣；有的企业不习惯设置辅助功能区，觉得太浪费，因而对展示和洽谈工作支持不足等。

总之，企业参展相关负责人一定要了解展位功能区划分和设计的常识，在出国参展前要对参展目的等情况进行反复确认，并评估展位功能区的设置是否与参展目的相符、是否充分考虑到展位设计为参展活动服务的宗旨，以及是否能够达到最佳参展效果等，从而最大限度提高参展的“投资回报”。①

展览场馆是举行展览活动的专用场所，用于开办展览、陈列、演示、演出、交流、交易等多种活动。展览场馆的设计是体现整个展览规模、区域划分、局部构成的蓝图，它关系到场馆的空间布局、展品陈列，演出活动等许多后续工作。场馆总体布局一旦确认，不得轻易修改，否则将造成不必要的损失。

展览场馆设计包括场馆建筑所处地理位置和周围道路、交通、环境等总体规划，场馆室外出入口、通道、绿化区域、露天展区、停车装卸场地等布局，场馆室内功能区的划分、展位安排、参观线路的确定等。

---

① 沙克仲：《展位功能区域的划分与设计》，载《进出口经理人》，2016(6)。

【情景导入四】

在第十届上海国际汽车工业展览会上，两家日本的汽车公司为了在气势上压倒对方都把音响开得很大，从而严重影响了同一场馆内其他参展商的展出工作，最后主办单位不得不出面干涉才把事情平息下来。

第十三届中国国际专业音响、灯光、乐器及技术展览会上噪声严重影响到展会的现场洽谈。历届展览会的噪声问题仍然没有解决，限制声压级只是表面现象。许多音响展会规定不允许打开音响，组织者提供的是展示交流的平台，生产销售方将产品及资料摆放完成后，参观者就感兴趣的部分与技术人员进行交流，需要视听时有专门的视听房间。

在展会期间，展会设施设备必不可少，加强展览设施设备的管理，显得尤为重要。

>> 任务一　展览会的展示设计 <<

【知识目标】理解展示设计的理念和基本原则。

【技能目标】学会分析展示设计的各个要素并能实施展览会的展示设计。

一、展览会的展示设计概念

展示设计是一门综合艺术设计，在既定的时间和空间范围内，运用艺术设计语言，通过对空间与平面的精心创造，展示设计出独特的空间范围，不仅含有解释展品宣传主题的意图，而且使观众能参与其中，达到完美沟通的目的。展示设计的主体为商品。

二、展览会展示设计的基本原则

展示设计是整个展览活动中首个要完成的工作，也是其重要组成部分之一。展览活动进行之前需要通过展示设计让展品呈现出更好的效果，展示设计是展示的一种手段，而不是展出的目的。展示设计的最高境界就是将抽象的展览意图用具体手段进行表现，强化展示效果，达到展出目的。展览会在进行展示设计时需要遵循一定的基本原则。

(一)展示设计需突出主题，明确目标

在展示设计中，设计应该体现出主要的诉求，这个诉求要符合会展活动的目的，作为展示设计人员要明确了解参展目标，从中挖掘一个合适的主题，然后围绕主题展开主题设计。在设计之前设计人员就要明确为什么要设计，设计所需要展示的主角，要表达的意境，并把这一主题贯穿在展览展示设计的整个流程中。

(二)展示设计需注重审美要求，突出重点

设计师在进行展示设计时，设计的作品要让观众能看出设计的重点，同时符合视觉的美学规律。形态、色彩搭配等构成的元素要符合视觉审美的要求，视觉、听觉、触觉等方面也要展现展示设计的美。对于重点突出的部分可以借助位置、形式、灯光等进行信息传递。

在进行展示设计时，要了解观众的需求，站在观众的角度进行设计，利用材料、造型、色彩、灯光等全方面调动观众的情绪、兴趣，引起观众的注意和共鸣。

(三)展示设计需注重艺术手法的运用，符合时尚潮流

在展示设计过程中要注重艺术手法的运用，把抽象的思维进行具体展示，让展览展示更加鲜明、生动、精确地表达出展会主题以及参展商参展意图。这些展示设计不仅要注重艺术手法的运用，也要符合时代审美特点。

(四)展示设计需注重实用性，满足功能要求

设计师在展示设计过程中，不仅要注重展示设计的外观、形式，而且也要考虑各个部分的实用性，满足功能需要；不仅要满足展位、展品的陈列要求，而且也要满足展览展示其他空间区域的功能要求，还要满足观众的观赏要求，可以吸引到客户，有利于参展商开展宣传、贸易等活动。在展览展示设计中，安全是设计的首位，所以还要确保展览展示设计满足安全性的要求。

三、展览会设计的前期工作

展览会设计的前期工作主要包括以下几个方面。

(1)设计团队接收设计任务书，讨论后，在意见大致相同的情况下签订合同。

(2)制定设计方案。方案应明确设计目标、设计期限、设计进度安排、各部门工作的配合；应对展览设计的性质、规模、等级标准、造价信息进行调研收集；熟悉有关规范等。

(3)拟定设计任务书。任务书表现形式一般是意向协议、招标文件和正式合同三种。设计任务书的内容：明确展览设计项目的时间、地点、主题、不同功能空间的平面区域划分、材料和展具要求、艺术风格、设计进度以及图纸类型等。

(4)收集和分析相关技术资料。资料包括展览设计项目所在的会展展场、展品范围、展会期间的活动等。

1. 会展展场信息

索取展场规定，如图纸、申请表、合同等资料；对展览现场进行观察及调研，对展览场地进行对比及选择，租用展览场地，并对展览场地进行测量，核对展位的占地面积；了解展馆基本设施，包括展览场所的地面、负荷、照明设施、水、电、

消防设施、扩音设备等。

特别注意事项：在进行展示设计时需要对通道宽度、紧急出口、禁止明火、禁烟、限高等方面特别注意；一些设施设备如果不是必须要买的，可以租赁使用，如在展会中常见到的展柜、展架、模型等。

2. 会展内容信息

展会主题、宗旨；展会时机的选择、规模的大小、参展商情况；展品性能、种类、数量、展示要求等；各种材料的规格、价格、性能等。

3. 其他内容信息

参展商的展位设计情况；参展商所在行业的特点等。

四、展示设计要素分析

展示设计要素包括：人、物、时、场、展位。这些要素是展览会展示设计必需的。缺少其中的任何一项要素，展览会展示活动将难以存在。

(一)人：包括传信者和受信者

在进行展示设计时需要收集客户的信息，在了解客户需求的基础上进行展示设计。需要了解客户的经济状况以及预算，明确客户的风格，尽量在审美上考虑客户的品位与需求，在展示设计时尽量考虑到绿色环保，设计时采用的物品材料可以循环利用，要考虑运输的方便，符合运输工具的容纳范围。

(二)物：展品

展品是展览展示活动的基础和依托，是展览展示设计的载体，也是我们展示目的和任务的具体体现。一般来说，在展示场所陈列出来供观众参观的物品，统称为展品。展品一般需要具备三个条件。

1. 感知性。展品在展示的过程中必须能让人通过感觉器官(如眼睛、耳朵、鼻子、舌头等)直接感知到。

2. 代表性。展品在展示的过程中要具有代表性，能够清晰地表达展示的目的。

3. 公开性。展品在展示的过程中必须能让公众参观、游览。

(三)时：设计制作时间和展示时间

设计制作时间和展示时间要充分，能让展品达到展出的效果。

(四)场：展示活动或展示陈列的场所

在展示过程中可称为展览馆、展览中心、会展中心等。展览馆是一个多功能载体，用于陈列临时的、内容广泛的展品的专门场所。展览馆兼具展示中心、商业贸易、文化娱乐、旅游服务和生活服务等多功能为一体。因此，展览馆，尤其是在国外如汉诺威展览中心、慕尼黑展览馆等一些特大型展览馆往往是一个建筑群，因此在进行展览展示设计时涉及的要素比较多，如面积、布局、技术参数等。

(五)展位：展示的单位空间

一般是指在展会上用来展出商品和图片等物品的单位空间，也称作摊位。根据面积、设施设备以及装修风格的不同，分为标准展位和特装展位。

1. 标准展位规格：面积为 $9m^2$(3m×3m)，三面白色围板、铝合金支柱、一面开口(在拐弯处是两面开口)、主面有一块公司楣板(拐弯处是两块公司楣板)、一个接待台、两个洽谈椅、提供两个射灯及220V5A的电源插座一只。

2. 特装展位也可以称为异形展位，特装展位是在标准展位的基础上，根据企业的要求进行装修设计和布置的，没有统一的风格。特装展位展示效果更好，更有利于提升企业形象。

五、展示总体设计策划

(一)整体策划

整体策划是对展览展示设计进行总体规划，明确风格、主题以及展示的内容，明确展览展示设计的目的和宗旨，编排展示的程序，撰写文字说明以及新技术、新媒体展示应用等。

(二)总体设计

总体设计需要全方位对展示活动进行设计，需要确定展示活动的空间形态、平面布局、参观流线、消防、采光等；确定整个展示活动的标识、色彩、版式、装饰风格与形式；决定所在空间照明以及所采用的道具形式，规定整个展示所采用的艺术手法及空间的陈列布置的方法等。

(三)展示具体方案设计

展示具体方案设计构思可以分为四步：第一步需要明确设计基调，确定设计整体要求、风格、色调等；第二步需要划分功能区域；第三步需要构思展位主题、展览形式、空间造型、展架布置等；第四步需要对展台进行设计，同时要综合考虑馆内陈列物的安全、照明、温度、观赏效果等因素。

(四)设计的工程实施

1. 准备阶段

首先，根据设计方案绘制施工图，提出对施工的具体要求，某些关键部位还需画出剖面图或节点样图。

其次，施工中要随时检查设计方案的实施情况，发现设计中不周到、不完备之处，应及时调整。

2. 布展阶段

布展阶段工作流程

(1)整理物品运输至展馆；

(2)负责与展馆方沟通、协调，落实所需的服务(如电力、水力安装、办公家具租用等)；

(3)按照事先的设计，摆放展品；

(4)设备设施(演示电脑、电源等)调试，确保可正常使用；

(5)清理包装物料、纸箱、空盒、建筑废料等；

(6)展出前全面清洁展位。

【知识链接】

布展注意事项

1. 布展应符合我国展馆方所规定的各项要求。

2. 布展时，先检查楣板上公司名称的拼写是否有误，注意检查展位基本配置是否齐全、完好，如事先租用其他物品设备也应该检查其他物品设施是否配备齐全。

3. 为保证展板循环使用，不得使用难以清理的胶带、胶条或留有印记的胶水，更不得使用钉子等破坏展板，否则将会进行相应的经济上的处罚。

4. 进行撤展时需要带领承运商熟悉环境、展位所在位置，规划好最佳出入路线，与承运商商定好货物运输时间与地点，避免撤展时门口堵塞，延误撤展时间。

六、展会空间设计要素

(一)空间形态与展示设计

展览场馆里的展示空间设计要科学、合理，这是设计师的重要职责。为完成这项设计，首先需要根据展品，设计好展示空间的实用形式，然后再把展品有序地摆放。在进行展示时需要借助展品陈列、灯光、道具、音像、色彩等，有效传递信息。

(二)展示空间构成

1. 从功能上来看，展示空间由展用空间、接待空间、交通空间、洽谈空间、休息空间构成。

(1)展用空间——用来摆放展台，陈列展品的空间场所，这个空间的设计好坏直接影响展品展出效果，所以展用空间的设计尤为重要。

(2)接待空间——通常安排在展示空间的入口处。接待空间是进入展示空间的第一站，容易让观众对展会产生第一印象。第一印象的好坏直接影响观众对展会的评价。接待空间代表着展会的形象以及主办方的形象，因此接待空间的设计也很重要。有时可以在接待台后面安置大型背景形象墙，上面有展会基本信息，还有接待时需要的桌椅、电脑、打印机、工作人员等。

(3)交通空间——交通空间安排上的变化会引起观众在展品前逗留时间的变化。在设计交通空间时，要科学、合理、有序，避免出现人群拥挤，参观路线重复，尽量让观众在流动中完整地、经济地介入展示活动。

(4)洽谈空间——便于在展览期间与客户进行贸易交流、贸易洽谈。该空间需要在专门的区域摆放一些桌椅、花卉作为会客区。针对不同等级的客户，应设置一般洽谈区和 VIP 洽谈区，如果在展示期间，邀请咨询顾问，还应单独开辟相应区域。

(5)休息空间——在展览过程中，为了凸显人性化设计，展示空间还应设置休息区，观众在参观游览过程中，可以在这个区域进行休息。休息空间应尽量选择在人流量少的区域，避免拥堵。

2. 从空间态势上来看，展示空间由动态空间、静态空间、流动空间构成。

(1)动态空间没有明确的中心，如开放空间、交错组合空间、曲线型空间等，这些空间具有自由、明亮、开敞、舒畅的特点。

(2)静态空间有一定的控制中心，常见静态空间如环形空间、闭合空间等，有很强的驻留感。

(3)流动空间是连续、运动的空间。流动空间能保持最大限度的交融与连续，视线通透，交通无阻隔性或有极小阻隔性。

3. 从空间的确定性上来看，展示空间由肯定空间、模糊空间、虚拟空间构成。

肯定空间界面清晰，范围明确，具有领域感。如私密性较强的封闭型空间。模糊空间介于室内和室外、敞开和封闭两种空间类型之间，也称灰空间。虚拟空间依靠联想和人的心理从视觉上完成空间形态的限定。

(三)空间设计的手法

1. 单一空间

构成展示空间的基本单元。是比较独立的集使用功能和精神感受为一体的单一空间环境。

2. 复合空间

由多个空间复合而成。进行展览展示的室内空间有时不只是一个，空间使用功能是需要多个空间共同实现的。

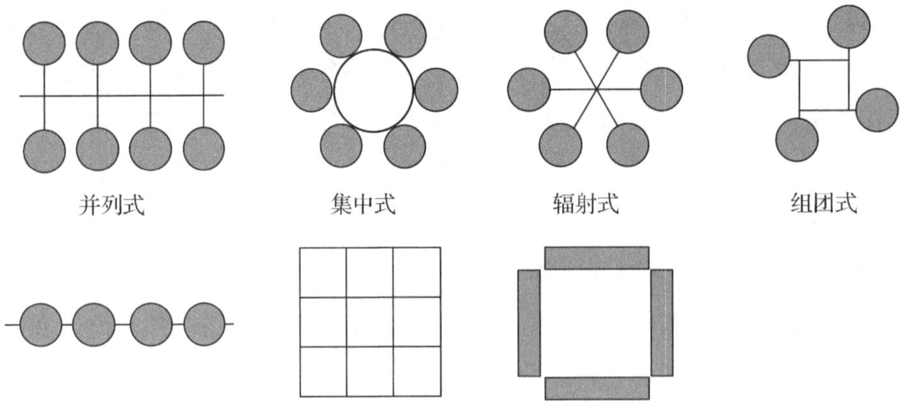

图 3-2　空间的组合方式

(四)空间的分割与划分

1. 室内外空间的划分

室内空间包括实体空间、虚体空间和感知空间。实体空间在视觉上是可以看见的，如展示空间内的地面、顶面、商品，这些属于水平限定；还有展示空间的物品柜、柱子、楼梯等，这些属于垂直限定。虚体空间又叫空间形态，包围三维空间的形态，一般叫作“底”“背景”等，如灯光、色彩、装饰等；感知空间是我们在展示空间对大小、距离、运动等内容的知觉。对空间的感知需要借助我们的外部感觉(视觉、听觉、嗅觉等)以及内部感觉(平衡、运动等)。

2. 内部各个空间的限定

分隔手段：利用非承重构件进行分隔；利用水平面高差进行分隔；利用展具、装饰构架等进行分隔；利用色彩或材质进行分隔。

分隔时不能破坏原有的空间想象力，必须使原有整体空间与再分隔空间同时呈现于视野并使原有空间想象力得到丰富和加强。利用框架结构、线网结构、透明结构、矮隔断结构或绿化带，使光带获得隔而不断的空间延续效果。

3. 流动线的设计

流动线的设计需要考虑展示主题、结构顺序和功能区分等。

(1)应具有明确的顺序性，短而便捷的构成形式，这样，既能使参观者按顺序遍观整个展览，又可让参观者的视点集中于咨询媒介中心。

(2)应尽量避免参观者形成相互对流或重复穿行的现象，还应防止参观者漏看和重看，减少其疲劳感。

(3)直线流动——空间的入口和出口在不同的两侧，适合狭长的摊位空间，展示主体一般都在两侧摆放。

(4)环线流动——在一些三面围合的空间里，入口和出口在同一侧，观众在进入展区之后，经过环线流动，又从同一侧的出口离开。

参观动线的方向是按视觉习惯由左至右按顺时针方向延展的，如果时左时右，就容易导致人们找不到首尾，甚至漏看或重看。动线区域的单纯明确，必要的转折和曲线的流向，可使参观者注意力更集中，参展商对参观者的指引性也更自然。

(五)展示道具设计

1. 展架是用于支撑固定展板，拼联和组合展台、展柜等的骨架。展架也可直接作为摊位的隔断、顶棚。展架分为固定式展架和组装式展架两种。

(1)固定式展架为一次性、专用性展示支架，一般用于永久或常设性展示，也可用于特装性展示。

(2)组装式展架由一定数量、一定长度的标准化梁柱和易于安装的连接件等预制构件组成。

组装式展架根据不同需要，可任意组成展台、展柜、展墙、隔断、屏风等，且展架上可以叠加展板、玻璃、裙板以及其他围栏等设计。

2. 展板 —— 展板主要是用于展示版面图文内容和分隔整个展示空间的道具。展板的造型有平面形、弧面形、折面形、组合形等多种形态；

展板常用的材料有：木材、金属、玻璃、纺织品、塑料板材、纸张及各种新型的复合材料。

用作隔墙的展板尺寸：一般宽度从150cm、180cm、200cm到250cm不等，高度从220cm、240cm、260cm、300cm到360cm不等。

用作展架上的镶板、直立地上的展板或吊挂式展板的尺寸不宜过大，一般常用的规格为：60cm×90cm、90cm×120cm、90cm×180cm、120cm×180cm、120cm×240cm、240cm×240cm等几种。

【知识链接】

展览设计材料知识

材料类型：木材、金属材料、玻璃、陶瓷、油漆、塑料材料、合成材料、黏结剂、五金制品、纺织材料、五金饰品。

1. 木材

在我国，会展道具材料使用较多的是木材，木材取材方便，便于加工和涂饰，常见的木材有天然木材、人造板材。

(1)天然木材又称为原木，是指砍伐的树木经过去皮去枝后按照一定规格锯成规定长度的木材。天然木材根据质地特性可以分为硬木和软木。

硬木包括柳木、楠木、白蜡等，特点是花纹明显，在展览展示道具中宜做家具和贴面饰材，不足是抗腐蚀性、抗弯性差，价格高。

软木包括松木(白松、红松)、泡桐、白杨等。特点是可以作结构、木方，但是软木抗腐性差、抗弯性差，不能做家具。

(2)合成木材料：合成木材是以原木、刨花、木屑、废材及其他植物纤维为原料加工而成的板材。

三合板是三层1mm木板交错叠加，并胶合成一体形成的整体板材，常用作家具的侧板及饰面材料。

合成板，可以合成为五厘板、九厘板，主要用作大面积板面的拼接，可弯曲。

纸质饰面人造板，以人造板为基材，在表面贴有木纹或其他图案的饰面材料，如宝丽板、华丽板等。

防火板，又被称为塑料饰面人造板，具有优良的耐磨、阻燃、易清洁和耐水等性能。

压缩板，主要有刨花板、密度板、复合板等，刨花板价格低，但强度差，不能承受较大压力。密度板是用更大的压力加胶黏剂压缩而成，能够承受较大压力，但是怕水泡以及潮湿环境。

细木工板，俗称大芯板，是在生产过程中利用木材产生的边角料制成的人造板材。细木工板质地比较轻，加工方便，不容易变形，握钉力强。

2. 金属材料

展览展示设计过程中常用金属材料作结构，如金属架等。常用的金属材料有铁、不锈钢、铝等。

(1)铁：熔点比较低，具有良好的切削性、耐磨性和减震性，其生产工艺简单，成本低，可用于制作各种零部件。

(2)不锈钢：不锈钢的主要特点是不生锈，韧性大，强度大，但是价格高。

(3)铝材：铝材比钢用处广，价格比钢低，铝合金材料质轻、耐腐蚀、耐磨损，经过氧化着色处理后色泽更加光亮，效果更好。

3. 玻璃材料

玻璃材料是将原料进行加热熔融，冷却凝固，所得的非晶态无机材料。玻璃是一种脆性材料，它的硬度比较大，仅次于金刚石，但是抗压强度比较低，所以很容易碎。玻璃在展览展示中具有很强的装饰性。

玻璃的类型有三种：平板玻璃，也被称为白玻璃，是指未经深加工的玻璃，在展览展示中经常用作窗户；装饰玻璃是彩色的平板玻璃，在展览展示中经常用作装饰材料，常见的有彩色平板玻璃、釉面玻璃、压花玻璃等；安全玻璃在展览展示中运用很普遍，展览活动处于开放的公共场所，为了保证观众和工作人员的安全以及展品的安全，应尽量多的使用安全玻璃。安全玻璃的类型有钢化玻璃、防火玻璃和夹层玻璃。

4. 塑料

塑料在展览展示设计中的运用比较广泛，塑料种类较多，而且比较便宜，所以在一些设计中出现了以塑料代替钢和木的趋势。

塑料在展览展示设计中常以塑料壁纸和贴墙布、塑料装饰板材的形式出现。

(1)塑料壁纸是在目前展览展示设计中使用的最广泛的一种壁纸，具有质量轻，隔热和隔音性能好，防震以及耐潮等特点。

(2)塑料装饰板材的类型有阳光板、有机板、亚克力等。阳光板色彩种类多，加工简单，容易弯曲，造价比较高。有机板有透明有机板和有色有机板，有色有机板的颜色比较单一，仅有纯色和茶色。有机板韧性较差，非常脆，容易损坏，并且非常容易脏。亚克力有透明亚克力、彩色亚克力、亚克力灯箱等。亚克力的造价要比有机板高，但是安装好以后档次较高，不易碎，透光效果比较好。①

5. 展柜

展柜是保护和突出重要展品的道具，展柜通常包括边柜(靠墙陈设)、中心立柜(四面玻璃的中心柜)、桌柜(书桌式的平柜，上部附有水平或有坡度的玻璃罩)、布景箱等。

桌柜的高度通常是：平面柜的总高为105～120 cm；斜面柜总高为140 cm左右；柜长为120～140 cm；进深70～90 cm；柜内净高20～40 cm。

布景箱是只供一个方向观看，类似橱窗的龛橱式大展柜，内部可以设置各种场景，使展品呈现在一个“真实”的环境中，从而使展示更加生动。

6. 展台

展台为陈列实物展品的道具。展台的种类按其用途可分为实用型和装饰型两类。根据其造型形式可分为台座类、积木类、套箱类、书写类和支架类等。若根据制作材料与工艺又可分为木制类、金属类、有机玻璃类和综合类等。

展台是承托展品实物、模型、沙盘和其他装饰物的重要展具。小型的展台类似积木（也称堆码台），多被制作成正方体、长方体、圆柱体等几何形状。如大型展台设计，必须充分考虑展示场所的空间可容性，在搭建的材料、结构、工艺以及强度上，应确保表演者的安全。

辅助设施：栏杆、指引导向的标牌路标、屏风。

(六)色彩与展示设计

色彩在展示设计中是最经济但又最容易获得良好效果的因素，它使展示活动以及展示物品“生色诱人”。在展示设计过程中要充分利用色彩来增强展品的视觉效果和竞争能力，同时配置展位来激发观众参观和购买的欲望。通过色彩调节可以弥补空间、材料、陈设等方面的不足，制造出和谐统一的效果，实现锦上添花，给观众以良好的视觉效果与心理效果。

1. 展示空间色彩构成：环境色(天花、地面、立面、绿化)、展位色、道具色、光照色、绿化色。

(1)环境色：指在展厅中的墙(四壁)、地(地面、地板、地毯)、天花板等构成

---

① 胡杰明：《会展道具设计与搭建技术》，上海，上海交通大学出版社，2011。选入本书时有改动。

的展出环境色调。在同一个展厅，环境色要选定某一种色彩作为整个展厅的色彩基调。要营造出比较统一的环境气氛，避免颜色太多让参观者眼花缭乱。

(2)展位色：展品、道具以及工作人员的着装色等，是色彩设计的中心所在。展示的主体是展品，一切展示设计都应该服务于展品的展示需要，展示场地、展示空间的色彩基调都应该由展品、展位确定。展示设计人员对于整个环境色彩的选择，需要通过认真分析展品、展位的色彩特点，从而寻找出适合的色彩。

(3)道具色：在展示设计中，要根据主题需要，运用色彩心理规律，营造相匹配的色彩氛围，烘托展览展示主题。在道具颜色的选择上，要尽量使用暖色、纯色、亮色以及对比度强的色彩，使人感到清爽、活泼、轻松，心情愉快地接受展品的信息。

(4)光照色：展场内天花板与四壁的照明(大环境)和各个展位内部的光照色两部分，是统一强化展场内、展位内色调关系的重要部分。

【知识链接】

展览设计光的运用

光源的颜色可以用色温来表示。理论和实践都证明了，光源颜色按其色温不同会给人以冷或暖的感觉。一般划分以色温大于5000K的为冷感，常称冷色(cool color)；色温在3300～5000K为中间感，常称中间色(intermediate color)；色温小于3300K为暖感，常称为暖色(warm color)。

红色：红色属于暖色调。红色能刺激神经系统，加速血液循环。但长时间接触红色就会使人感到疲劳。

橙色：橙色的效果与红色相近，同属暖色调。

黄色：黄色属于偏暖色调。人眼对橙色和黄色特别敏感，因此常用作警戒色。

绿色(青色)：绿色是森林的主色调，富有生机。绿色的环境能促进身心平衡。

蓝色：蓝色是一种极其冷静的颜色，它能帮助人们消除紧张情绪，形成优雅、宁静的气氛。

白色：白色属于冷色调。给人以宁静、清洁的感觉。

绿化色：包括入口、通道以及展位内部特别布置的绿色植物等，具有点缀、活跃气氛和放松心情的作用。总的来讲，一个展览的色彩设计应达到的效果是既统一又有个性的和谐整体。即整个展览从头到尾的各个展区、展位彼此之间的色调是协调统一的；同时，各个展位又有其自身的特色。

展示色彩设计关键要做到三点：个性的体现、展品的突出、氛围的营造。

展示设计个性的体现(企业品牌的体现)是衡量一个展示设计作品质量高低的重要方面。

体现企业产品、企业品牌、企业特色，与周围展位形成对比而不被“淹没”，从而突出本展位，吸引参观者到你的展位参观，便是“设计个性”所要做的。一般而言，色彩个性化设计主要是对企业的标志色及其延伸色彩的充分运用，造成与其他展位相区别的单元性效果。企业标志色及其延伸色彩作为展位色彩的基调，使整个展位形成一种非常统一、和谐的，有别于其他展位的视觉环境。当参观者走进一个展位，如果呈现在眼前的每一个部分、每一件物体的色调都是基本一致的，那么他就会被这一和谐统一的色调所感染，对色彩产生强烈的反应，在记忆里留下深刻的视觉印象。

例如，中国电信的展示色彩设计中总是以蓝、白两种标志色为主色调；柯达胶卷总是以红、黄两种标志色为主色调。这样，便很容易从周围展位中"跳"出来，参观者特别是目标观众就能轻易地"发现"你。观众将以非常愉快的心情来到展位参观、了解，最后达成协议，实现参展目的。

企业展品的突出，主要是通过展品与版面、展览道具之间产生的色彩差异，进行对比、烘托而体现出来的。

版面是介于展品和环境之间的中间介质，在一般展览中，版面常设计为图片、文字、背景色彩等平面内容。版面的色彩主要有底色、图片色彩、文字色彩等。它不仅起到协调场内色调的作用，而且还有传递展览信息的作用。因而，它的色彩设计原则是版面的色彩不宜过多，以便形成一个较为明显的体系。可以运用色彩的三大属性(色相、明度、纯度)来达到这一目的；或是用色相差异较小的同类色、近似色，形成色彩体系的完整性；或是用不同的色相，但必须降低彼此的明度和纯度，使视觉有一个平稳过渡的舒适效果。同时，可以运用版面上的文字和图片作为调和剂，减弱色彩的对比关系。就一般展览而言，白色和淡色系列常被作为版面色，这些色彩的简约、明快效果使展品更加突出、醒目。

利用版面、地面(地面、地板、地毯)、天花板等色调加上灯光作用，营造一种宜人的氛围。并按照各个划分区位的不同功能分别设计。一般情况下，展示区总是设计出明亮、热烈而开阔的感觉；休息区、洽谈区等处则以中性色或淡冷暖色为主，其他各区位也各有特色。

人们行走在展示空间中，在一定程度上也会受到环境色调的影响。商场、展销会等商业空间结合照明的色彩设计，需要服从这样一个宗旨：让顾客较快地流向各种各样的商品，以增加购买的可能性。因为商品或展品本身已经有着让人目不暇接的色彩，所以环境色彩，即顶棚、墙面、地面以及货架、货柜或展架展柜的色彩，宜采用低饱和度、与其他颜色容易协调的色彩，甚至高明度灰色系列的色彩。

>> 任务二　展台设计 <<

【知识目标】了解展台设计的概念及基本原则。

【技能目标】能够实施展台设计。

一、展台设计的概念

展台设计是为提高参展企业的公司形象、宣传公司产品、在指定区域范围内搭建成的能体现公司形象的建筑物形象设计方案。

二、展台设计的原则

展览设计要经历一个科学严谨，富有创造思维的过程，在设计过程中应遵循以下原则。

(一)目的性原则

展览策划起始于展览企业目标的选择，落实于展览目标的实现，体现在每一个展览设计的细节中。设计者应处理好以下关系。

1. 处理好设计者和参展企业的关系

展览设计师在设计之前需要收集信息，明确参展企业的需要，了解展示环境，运用技术和创造力来反映和表达参展者的意图、风格和形象，以达到参展者所期望的目的和效果。

2. 处理好艺术和展览的关系

不论使用何种设计技术、技巧，不论采用何种背景(包括展架、道具、装饰)，主角应当是展台和展品，不能喧宾夺主。展览内容不能受制于表现手法，不能突出设计而忽略展台、展品。设计的好坏不在于花钱的多少，不在于是否符合艺术标准，而在于展台能否体现参展企业的形象和意图，能否吸引参观者的注意，展品能否反映出特征和优势。

3. 处理好展览和贸易的关系

展台能够反映参展企业文化形象、吸引更多观众并留下深刻印象，展品能体现出特征、优势，并能方便参观者观看，这就是成功的设计所获得的效果。如果是宣传展会，这样的设计有利于实现目的。但是如果是贸易展览会，这样的设计还不足够。展览是开展贸易的一种手段。展台是参展企业可以开展国际贸易工作的环境，展台本身并不是目的；同理，展品是参展企业自身开展服务贸易的工具，展览产品技术本身也不是目的。

4. 处理好展览设计与展览其他工作的关系

设计人员要通过设计为参展企业提供达到展出目的的环境和条件，而且可能还需要协调宣传人员、广告人员的工作。展台设计要能够帮助、支持展出获得一个整体而不是主要部分的成功。

（二）艺术性原则

1. 展台要有吸引力

展台要有吸引力，令人赏心悦目，使人留下深刻的印象。展台设计需要考虑许多因素，需要用艺术手法将这些因素组合，使之产生最佳的视觉效果和良好的心理效应。

2. 展台应反映参展企业的形象、传达参展企业的意图

如果参展企业是一个大型企业，就不能将其设计成摊贩形象；如果参展企业想显示在航空技术领域的地位，就不能将其设计成航模玩具厂的感觉。设计人员需要用具体的手段表现出抽象的展览思想。

（三）功能性原则

设计师在进行展台设计时，不仅要考虑设计产品的外部形式、形象，还需要考虑其内在功能。在舒适的功能环境下，展台工作人员可以更高效地工作。

展台设计需要考虑的功能有以下几方面。

1. 对外功能

展台不仅要展出产品，吸引客户，也要有利于展台人员推销、促销、调研、与观众交流、与客户洽谈。所有这些工作都要有相应的空间、位置、设备，需要设计人员进行科学合理的安排。相应的功能区包括信息办公区、展示区、接待区、洽谈区等。

2. 内部工作功能

展台设计不仅要对展示空间进行设计，还要考虑安排办公、开会等场地，内部工作相关区域包括办公室、会议室等。

3. 辅助功能

辅助区域包括休息室、储藏室等。成功的展览设计不仅要在外观上引人注目，在功能上也要更加注重实用性。这样不仅有助于参展商以及展台工作人员开展工作，而且也有助于达到展出效果从而实现展出目的。

（四）科学性原则

展台策划是一个创造性的思维活动，同时需要严谨的科学性。展台策划要遵循一定的程序：在进行展览设计之前，首先要对环境进行分析(包括展览场馆以及周边环境、竞争对手状况、消费者的态度等)；其次，根据收集的信息以及掌握的材料进行综合分析，明确展台设计的目的以及最终要实现的目标，拟定并实施展台设计方案；最后还要对展台设计效果进行评估，直到实现企业的展览目标和营销目标。

(五)灵活性原则

展台设计无论在设计之初有多么完美，也要根据社会环境、竞争对手、消费者的需要变化而调整。现代展台设计在体现出科学性的同时，还应具有相当的灵活性。现代展台策划流程是一个双向的环流状的决策流程，从最初的展台设计调研到最后的展台设计效果评估，针对环境和消费反应的变化，展台设计要能够及时调整方案，使得整个展台设计策划活动保持充分的灵活性。

三、展台设计策划

(一)展台设计准备阶段

展台设计为人们提供了三维的交流空间。展台展示促成了人与人、人与物、人与社会的交流。其任务就是帮助参展者达到信息传播的目的。显著而富有个性的展台设计，能够创造宾至如归的气氛，给来访者留下特别的印象。

【知识链接】

展台搭建应注意什么

在纷繁复杂的展览会展台搭建材质，数以千计的展览公司，以及展览搭建工厂面前，很多参展商特别是参展经验不足的参展商在面对展台材质选择的时候经常会很困惑，不知道什么展览材质比较好，什么展览材质价格实惠，什么展览材质性价比高。

一个展台的设计制作搭建耗费了参展商和展览公司很多精力，一次展会展示期就是3～4天，展会结束后就拆了，非常可惜，建议大家多用环保材料，提倡低碳经济。

展台结构搭建材质主要有以下几种。

1. 乳胶漆

乳胶漆的优点是颜色可以任意的调制，展台制作完毕后看不到材质的拼缝。颜色均匀、大气、柔和且很有品质感。卫浴展、家纺展、家具展等大面积装饰的展台多用乳胶漆装饰。

乳胶漆的缺点是乳胶漆原材料的质量以及底灰的质量对乳胶漆涂出来的品质有直接影响，必须购买优质的原材料；乳胶漆很怕水和潮湿，展台搭建对时效性要求非常高，如果在雨天搭建且在室外，很可能会影响制作的效果；乳胶漆必须在展会现场装饰，很耽误时间，与其他材质相比，时效性差。

2. 钢结构展台搭建

钢结构主要用在纯钢架方龙结构展台，钢架方龙和喷绘布结合，钢架单片绷喷绘布、二层结构中用的钢架龙骨等。钢材质倾向于和其他材料搭配使用。

钢结构的特点是可以局部回收，经济又环保。展台结构比较牢固和安全，简洁大方，容易加工，容易弯曲变形，能做出很多特殊造型。国内展商采用得比较多。

3. 木制结构展台搭建：木制主要有多层夹板、木工板、木方等。

木制展台搭建的特点是能够做出各种各样的造型，表现力强，更容易体现展商的个性和魅力。这种材质为国内众多展商所喜爱。

缺点是，浪费严重，一次展会结束，有大量的展台木料被拆回来，但很难重复利用。

4. 铝材结构展台搭建

铝材结构比较环保，能够重复利用，属于低碳搭建，而且相对来说比较实惠，展台结构比较牢固安全，简洁大方。国外展商用得比较多，国内展商用得少，国内参展商认为这种材料搭起来比较简单、呆板，很难表现展商的个性和魅力。①

1. 明确展览的类型和主题

作为参展企业的展台搭建商，在进行展位设计与搭建时，首先必须明确展览的类型和主题。按照展览性质分类，展览可分为贸易性展览、消费性展览和宣传性展览。按照展览内容进行划分，展览可分为综合展览和专业展览。展览的类型不同，在进行展台设计时风格、主题也不相同。在明确展览类型的基础上，还要明确展览的主题以及参展商参展主题，展台的设计应该围绕展览的主题进行设计，让观众能抓住焦点，并产生深刻印象。

2. 参展商的展台位置确定

参展商在确定展台位置时需要确定展台的面积，面积的大小则根据企业的实力、展位使用的性质、展出内容、人员规模等来确定。展台位置在展览中起着很重要的作用，展出位置的好坏，直接影响展出效果以及展出目标的达成。

根据展台所处位置、周边通道、相邻展位等情况，可以划分为单开面型、双开面型、半岛型、环岛型等，不同的展位类型有不同的平面布置方法和要求。

(1)单开面型一般分布在走道的两侧，夹在一排展位的中间，只有一面向观众通道敞开。它的优点是三面墙给展品和宣传资料等提供了充分的空间，不足之处是进深窄，观众只能从一面进入展位，视角小。这种类型的展位租金最低，中小企业在选择这类展台时要注意它的位置，优先挑选位于洗手间、小卖部、快餐厅、咖啡屋附近的展台，这些地方是展会人流量最大的区域，易于捕捉商机。

(2)双开面型一般位于走道拐弯处或十字形、丁字形通道交叉处，它位于一排展台的首或尾端，两面邻过道，观众可以从它前面的通道和垂直于它的过道进入展台。优点是人流量比较大，视野宽，适宜重点展品与精品的展示。缺点是用于展示的墙面少，需要更多地使用独立展具。双开面型展台与单开面型展台相比，面积相同，但多出一条观众进入展台的侧面过道，所以观众流量较大，展示效果相对较

① 资料来源：http://www.zhihu.com/piq/1181507225067184128，选入本书时有改动。

好，当然租金也要比单开面型展台高。

(3)半岛型是展位空间有三面向通道敞开。观众可从三个侧面进入展台，其展示效果要比前两种好一些。它的优点是在设计安排上有很大的灵活性，视野开阔，容易构成某种舞台景观，成为视觉中心。不足之处是不宜使用标准展具，可利用的展墙少，而且装修费用比较高。企业在选择这种展台时，要做好装修才能达到满意的效果。

(4)环岛型的特点是四面敞开，一般位于展厅的中央位置，观众可以从任意一个侧面进入展台，所以更容易吸引观众的注意力。它的优点是展示面积大，造型尺度、规模相对较大，给人宽松、自由之感。其缺点是没有可供布置的墙面，装修费用比较高。这类展台广告效果好，设计更精致，搭建费用相对较高，是大型企业参加展会的首选。

3. 展馆资料收集

在进行展台设计与搭建时，需要对展览场馆的各种规章制度进行了解，便于开展后续工作，设计出符合展馆要求的展台。

(1)有关展台的规定

展览会对展架及展品都有限制规定，尤其是对双层展台、楼梯、展台顶部向外延伸的结构等限制更多。展馆往往对双层展台有高度限制，但是限高不是禁止超高，如果办理有关手续并达到技术标准，也有可能获准搭建超高展位。

(2)有关展览用具的规定

在搭建展台时，安全应该放在首位，其次追求搭建效果。场馆方对展具使用的材料有严格规定，通常展览会规定必须使用经防火处理的材料，严禁使用塑料板、泡沫板、危险化学品。一些展览通常会在展台四周悬挂大型喷绘做宣传，为了保证展览的安全性，这些宣传喷绘往往需要经过防火处理。

(3)有关消防的规定

如果是大面积的展台，必须根据展馆面积和预计的观众人数按比例开放紧急通道或出口，并设置标识，同时配备消防器材。参展商要根据场地情况进行用电管理，防止漏电、断电等事故造成人身、财产等的重大损失。

4. 融合参展商的企业文化和形象

展览会是企业营销的重要平台，参展商通过展会可以树立和推广企业形象，所以设计师在进行展台设计时，需要了解企业的文化和形象，了解产品的核心内容，总结出品牌形象的精髓，并将之转化成空间的体验，使得展台设计、展品形象与企业文化和形象一致，给观众留下深刻的印象。

(二)设计阶段

设计师在前期的展台设计阶段需要进行相关调研以及信息收集与分析，接下来便开始进行展台设计。在设计时，设计师在材料的选取和结构的设计上可以进行创新，让观众对展厅的设计有耳目一新的感觉。在设计过程中感性的氛围和理性的信息对于设计师来说同样重要，作为一名优秀的展台设计师，分寸的拿捏与把握是设计的关键。无论多么杰出和优秀的设计，最终的落脚点是目标客户的需求和期待，要从客户的角度考虑设计效果。

展台设计必须注意以下几个方面。

1. 和谐

展台设计的第一原则是和谐，展台的设计要与整个展览会的气氛相协调，与企业本次参展的产品相辉映。展台的设计是为了衬托展品，不能喧宾夺主，要达到整体和谐。

2. 简洁

展台设计不能太过复杂，否则容易让参观者眼花缭乱，关注点从展品转移到展台。所以展台设计应尽量简洁、明快，让观众的注意力更多地放在展品上。

3. 焦点突出

展览展示应该有中心焦点，在选择焦点时应该先明确展出目的，根据展出目的确定展出焦点。展出焦点通过摆放位置、环境布置、灯光色彩等手段来突出，展览展示的过程中焦点不宜过多，一般设置一个或者两个即可。

4. 主题明确

展台在设计前首先需要明确设计主题，主题是展台展示设计的主线，设计人员应该非常明确要通过展台设计传递给参观者什么样的信息，留下什么样的印象。

5. 标志醒目

展台设计要与众不同，建立醒目标志容易让人识别，使参观者留下深刻印象。但是展厅的设计要突出企业形象，衬托出展品，一切要以企业形象和展品形象为主。

6. 从目标观众的角度做设计

展台设计要从目标观众的角度去思考，要考虑目标观众的观展目的、情绪、兴趣、观点、反映等。要通过展台设计，引起目标观众的注意、共鸣，从而对展品和参展企业留下深刻印象。

7. 考虑空间

设计人员在设计展台时，还需要考虑到展台的空间布局、展台工作人员的数量和参观者数量，不要让空间布局显得空旷或者狭小，影响参观者的观感，进而影响企业形象。

8. 确定风格和品味

设计人员应根据展商的要求来确定展厅的档次、风格、类型。

9. 展台易建易拆

展台设计要讲究绿色、环保、安全。因此展台结构应当简单，易建易拆，防止资源浪费。

(三)搭建阶段

展台搭建是整个展台设计流程中最重要的一部分。现场施工的好坏决定了项目设计是否得到了实现。在这一过程中，要注意以下几点。

1. 图纸审核

在展台搭建过程中，订购光地的参展商必须在规定时间内提交一份展位设计图以及指定搭建商申请表，以供场馆方和消防部门等相关机构进行审核。双层展台搭建需要审核批准，双层展台设计图必须由有资质的设计师签字和盖章，并经相关部门审核批准。

2. 办理搭建手续

根据国内对展览会的管理规定，组展商在布展前需要到工商、消防、安保和海关等部门办理有关手续，在办理完相关手续后才能开始布展。在进行展台搭建时，为了方便场馆方管理各搭建商和参展商，有效控制展馆人数，搭建商必须在规定时间内办理搭建手续，并在规定时间内完成展台搭建工作，同时接受场馆工作小组的安全检查，如需整改，必须立刻按照场馆要求整改。

3. 熟悉展览搭建时间安排

为了展馆的统一管理，通常在展出前三天安排搭建商统一搭建，值得注意的是展馆通常每天提供10小时供搭建商搭建，搭建商如需加班搭建必须在当天向展览现场管理办公室提出申请，并按照展馆的规定支付加班费。

4. 展位搭建协调工作

除了一些特装展位需要参展商自己搭建以外，办展机构需要对标准展位进行搭建，无论标准展位还是特装展位，都需要办展机构进行监督和检查。在布展过程中，办展机构应为参展商提供相关服务；注意协调场地，用电以及参展商将展品运抵展场时可能遇到的开馆时间、场地负荷限制等矛盾；多个展台同时施工可能出现冲突，办展机构应该根据展台的位置、参展商的实际要求和施工情况等，公正、合理地协调各方工作。

在展台设计之前，作为展台搭建商必须从方方面面掌握相关的展览资料，并根据客户的要求设计独特、醒目、使人印象深刻的展台。在搭建前，必须掌握展览时间，充分利用时间，将图纸转变为实体。

>> 任务三　展览场地的设计与布置 <<

【知识目标】了解展览场地的设计与布置。

【技能目标】能够实施展览场地的设计与布置。

一、场馆外环境设计

大规模展览活动的举行，在产生经济效益的同时，也会给举办地带来一些负面影响，如给场馆周边的道路交通带来一定的压力，增加城市交通负荷。为了避免人流拥挤、车辆混乱的局面，需要对场馆周围道路交通环境进行临时性的规划和整治。有效的规划设计和交通管理，不但可以使展览活动高效有序，还可以活跃展览活动气氛，扩大社会影响。

在大型展览活动举办期间，场馆外应设立车辆交通指示牌、人流引导牌、道路交通环境整体布局图，要标明展览活动的名称以及车辆、人流通过的时段，文字、图案、色彩要醒目，同时符合有关交通法规。

二、场馆室外空间设计

场馆室外平面空间设计是场馆设计的重要组成部分，室外环境与室内的展示空间相结合，产生向外延伸的视觉效果。室外平面空间的布局主要考虑出入口、通道、停车场、展品道具装卸场地、露天展览活动区域、环境绿化等规划设计。

(一)出入口通道、停车场设计

展览场馆出入口处是人群大量聚集的交叉点，它的设计必须依据场馆建筑本身的布局，采用强化设计，突出高、宽、大的特点。同时，出入口处的显著位置应悬挂展会标牌，放置吉祥物等，与整个展览场馆设计协调、统一。通道设计要与出入口统一考虑，路线简洁、明确，避免重复迂回。停车场的位置应与出入口处保持一定的距离，方便观众顺利到达各个场所，避免出入口的拥挤堵塞。若场地不够，可在附近另设停车处，但必须明确标示与场馆的距离和场馆所在的位置。

(二)展品道具装卸场地的设计

运输展品道具的车辆应设立单独的出入口、通道和装卸场地，一般这些出入口和区域会设置在场馆建筑的侧面或背面，同时配备足够的停车面积，便于展品道具的集中装卸运输，保证展品道具进出的安全。车辆通道尽可能按单行道设计，宽度应确保大型车辆顺利通过。

(三)露天展览活动区域、环境绿化的设计

有些大型的展览活动需要在室内外同时举行，如大型机械展，重型车辆和装备就安排在室外，开幕式一般也安排在室外举行。露天展区是人流聚集，视野开阔，设施简陋，受自然因素影响较大的展示空间。

露天展览在设计时需要注意以下几点。

(1)总体布局协调

露天展区布局和搭建应与场馆主体建筑相协调，如展区的总体高度不能超过主体建筑的高度，色彩要与主体建筑物的色调相协调。

(2)设计布置突出安全性

露天展区的位置需避开车辆通道和停车场；如考虑露天展区的灯光照明，必须保证电器在露天使用时的安全性；适当考虑遮阳、避雨的措施；展品和道具与场地的固定必须加强，以免被风刮坏或人为挤塌；必须考虑消防要求，加强展品、人员的安全保卫工作；如露天演出时，要考虑出现紧急情况时人员安全撤离的方案，设置安全通道和出口。

(3)设计布置不对周边环境产生影响

露天展区的设置应尽可能减少对周围环境的影响，如尽量避开绿化地带，音响的分贝须控制在一定的范围内等。

展览场馆中，绿化设计是必不可少的，它可以起到点缀和改善环境的作用。绿色植物不仅能美化场馆环境，使空气保持清新，还能满足人们观赏的要求，提高展览空间的艺术气氛；绿色具有调节或改善人们视觉疲劳的功能，将其设置在场馆里还可以用来连接和过渡不同场馆，分割场馆功能区域，如用常青植物装饰通道，将两个不同展馆连接起来，引导人们继续参观。

三、场馆室内空间设计

场馆室内平面空间设计主要是根据展览活动的主题、内容和目标来确定，要事先了解整个展览的特点、特殊要求以及各展区之间的相互关系。它包括室内功能区域的划分、展位安排、参观线路和通道的设计等。

(一)室内功能区域的划分

首先，要考虑展示区域、观赏区域、洽谈区域、休闲娱乐服务区域、辅助区域等的合理划分。其次，要考虑实际展出面积与通道、休息、辅助场所等空间面积所占的比例，它是影响展览活动经济效益的主要因素，因为实际展出面积的出售是展览主办单位的主要收入来源。最后，还要考虑场馆空间的利用，包括实际空间利用、欣赏空间利用和过渡空间利用。

展览室内功能区域的划分还要考虑门厅、贵宾接待室、序馆、主展区、分展区、会议室、洽谈区、商务中心、展品道具仓库、休闲娱乐区、维修区域等。

【知识链接】

室内功能区域的划分应注意的问题

1. 门厅要根据总体设计意图和现有空间条件进行创意，合理布置观众休息、等候的空间，应有服务台、安检设施、包裹寄存服务等；根据展出内容的需要，设置会标牌、参观引导图、序言、展览活动的议程安排表等。

2. 贵宾接待室是专门用来接待外宾与首长的，须配备专门的接待人员，同时要加强安全保卫工作。

3. 序馆展示的内容是整个展览内容的浓缩，是主题的集中体现，它被安排在整个场馆最显眼的位置，与主要入口相连。

4. 主展区和分展区要根据展览规模和场馆建筑布局来设置。

5. 现代展览活动一般与技术交流会、新产品推广会、经贸洽谈会同时举行，所以展出现场要配置专门的会议室。

6. 在展览活动中，商品介绍与贸易洽谈经常是同时开展的。为了确保经贸洽谈工作的顺利进行，需要分出一定的区域作为贸易洽谈区，可以将它设计成面积为9～12平方米的一个空间，也可以采用开放式，仅放置接待用的桌椅等形成一个洽谈空间。

7. 商务中心主要是为参展各方提供通信、文秘、办公等商务服务的场所。

8. 展品道具仓库是让参展商存放展品、道具、包装物和其他物品的临时处所。

9. 参观容易使人产生疲劳，所以，在大型展览活动中通常每隔600～800平方米就会设置一个休闲区域。这些区域一般安排在靠近入口处、不同展区衔接处以及空间拐弯处，并设置比较明显的指示标牌。它为人们提供小憩、驻足交谈和饮水的空间，并根据参与人数配备卫生设施，进行专门绿化，使之色彩明快，空气新鲜，不仅体现出与整体环境的协调性，而且利用植物造型营造出惬意的感觉。设置休闲娱乐区并不是浪费空间，而是为了延长观众在展馆的停留时间。

10. 维修区域是为了保证展出活动的顺利举行，使各类设备正常运转和方便维修而专门设置的区域，设计中必须考虑将该空间与展示区域隔离，防止噪声、有害气体的污染，同时要特别标识，禁止相关人员进入，以防发生意外。①

(二)展区的布置安排

展览区的布置类型有案头类展区、分区类展区、展位类展区。

1. 案头类展区

案头类展区主要适合于展览面积有限、参展商较少，或者展览(展销)品档次较低，以现场售卖为主的展销；抑或展销在室外进行，无法搭建标准展台。

案头类展览布置的形式是在展览区内摆放条形桌，在条形桌上铺上绒布装饰，将展示(展销)品置于案头上便于客户挑选。案头类展位成本很低，物品摆放往往较为杂乱。

2. 分区类展区

分区类展区主要是根据展示品的需要特别设置的展区，如大型的设备展。分区

① 王飒、刘艳：《会展实务》，上海，上海交通大学出版社，2012。选入本书时有改动。

类展区各展位所占面积较大，展位的布置和装饰风格各异，给参展商以极大的想象空间。分区类展位的设置有利于满足大型参展商的需求，也容易突出主题。

3. 展位类展区

展位类展区是将展览区分割成统一规格大小的展位，用隔板将展位隔开，形成一个个独立的展览空间。其中，标准展位是根据展览会规定的展位面积，配置规定的展具。特装展位由展览组织者提供也可由参展商根据本公司的形象及产品展示需要提出要求，面积由参展商自行确定。组团展位是参展商以团队形式参展(如国家团、地区团)，要求在展览中相对集中的展位进行统一布置。

【知识链接】

划分展区和展位应注意的问题

1. 要统筹兼顾

所谓统筹兼顾，就是在划分展区和展位时，要在办好会展和符合会展需要的前提下，对会展所有的展位进行统一安排，在安排时最大限度地兼顾到办展机构、参展商、观众以及会展服务商各方面的利益和便利性。展区和展位的划分如果忽视了某一方面的需要，就会给相关方面带来不利的影响，并由此造成不良的连锁反应，进而影响整个会展的效果。

2. 要因地制宜

展区和展位的划分，除了要充分地考虑会展等有关方面的需要外，还要充分考虑展馆的场地条件，因地制宜。例如，如果展馆里有柱子，我们就要考虑不能将柱子划在某个展位里面。又如，不同参展商对自己展位的具体形状的要求各不相同，有的希望展位是岛形的，有的希望是通道形的，有的希望是道边形的，展位划分时要充分考虑到这些需要。在划分展位时，如果只是注意满足某些参展商的需要而不注意会展的整体，场地就会出现一些“死角”。

3. 不能遮挡展馆的安全设施

展馆里的一些安全设施是确保展会安全进行的重要保证，在展会期间要保证任何展位都不能遮挡这些重要安全设施，如果遮挡消防栓、堵塞消防和安全通道、遮挡电箱等，在突发紧急情况下，就会影响救援，造成人、财、物等的重大损失。在展馆的入口处要留出一定区域供参观人流聚散，展场的各种通道要达到一定宽度以便参观人流通过。

4. 要注意适应参观人流的规律

会展参观人流的形成和流动有其自己的规律，参观人流是进行展区和展位划分时要充分考虑的重要因素之一。一般来说，会展参观人流的形成和流动有以下特点：在中国，由于受平时交通规则的影响，人们进入展馆后习惯于直接向前走，如果不能直接向前就习惯于向右转；在展馆的入口处、主通道、服务区和大的展位前的人流比较多，容易聚集大量的人群围观某一个展位或展品等。

5. 要合理安排会展的功能服务区域

展会空间构成的主体区域是展示区，除此之外还需要配备功能服务区域，常见的区域有登记处便于注册登记，咨询处便于信息咨询，洽谈区便于贸易交流以及洽谈，休息区便于展商以及观众等休息、新闻中心便于记者新闻信息采集编写等。尽管这些区域面积都不大，但对会展整体而言还是十分必要的，在划分展区和展位时，要重视对这些功能服务区域的统筹安排。

例如，如果一个或几个标准展位夹在一些特装展位之中，标准展位将变得非常不显眼；如果将一些次要的题材放在展馆最好的位置，展会的整体效果将大打折扣。因此，展区和展位的划分既要符合展品的特点，也要考虑展位的搭装效果，还要考虑观众参观的便利性，这样，参展商的展出效果才不会受到太大的影响。①

(三)场馆展位安排的原则

1. 安排场馆展位时要先靠墙放置，然后再根据主次布置通道区域，最后留出出口。注意在出口区域不要放置展位。

2. 每组展位安排不要超过 16 个，避免引起观众的视觉疲劳。

3. 场馆展位安排要尽量避开馆内的建筑。

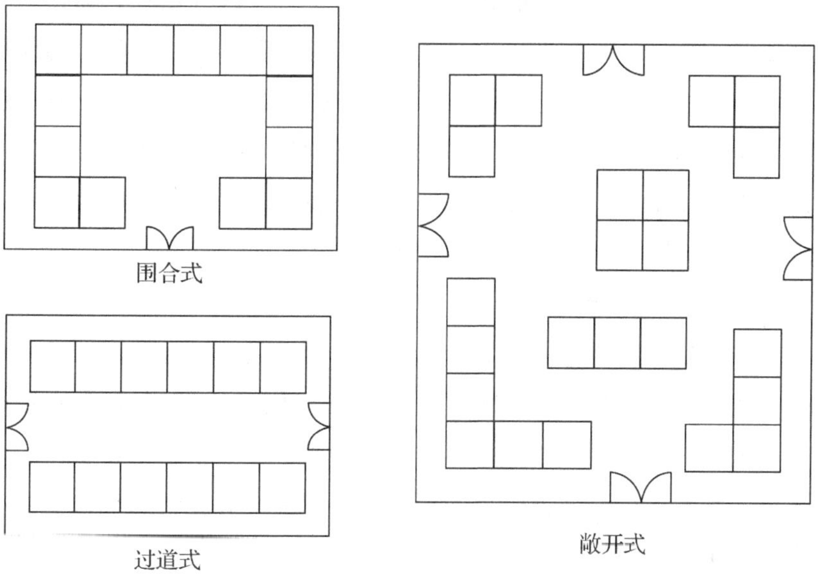

图 3-5

(四)参观路线的设计

参观线路是观众在会展活动中的行走轨迹。其设计要点是：对于展出者而言区划分明；对观众而言合理、科学、方便、流畅。

参观线路所占的空间就是通道，它分为主通道和次通道，主通道位于展览活动

① 丁萍萍：《会展实务》，北京，高等教育出版社，2009，选入本书时有改动。

的主要区域，人流量较大，宽度设计不少于3米，一般为6米，主通道尽可能与原建筑物的通道、出入口相衔接。次通道主要连接主通道和各展出区域，宽度不能小于2米，一般为3米。次通道的安排尽量不要重复、交叉，更不能逆流，最好按顺时针安排。参观路线按顺序和重要性主要考虑门厅、贵宾接待室、序馆、主展区、分展区、会议室、洽谈区、展品道具仓库、休息区域等。

（五）展位规格及编号规则

1. 展位号的表示方法

依次由馆号、楼层号、通道号和展位序号组成。例如7.4H15即表示7号馆4楼H通道的第15号展位。

2. 展位规格分为标准展位和非标准展位两类

标准展位面积为9平方米，分为3米×3米、2.4米×3.6米两种。非标准展位面积分别为：7平方米、6平方米和5平方米。7平方米展位的规格有：3.6米×2米、2.4米×3米等；6平方米展位的规格有：2米×3米、2.4米×2.4米、3.6米×1.6米等；5平方米展位的规格有：2米×2.4米、1.6米×3米等。

3. 1/2展位的左右区分方法

有些展位的左右区分不以人的朝向所形成的左右为区分依据，而以展位排列顺序号为区分依据。第一，按展位排列顺序号，靠近小序号的1/2展位为左展位；靠近大序号的1/2展位为右展位。例如，某交易团有2.1A08－10三个展位，其中A09展位分为左、右两部分，则靠近A08展位的半个展位为左展位，靠近A10展位的半个展位为右展位。第二，标准展位的1/2展位，在展位号后加注R表示右展位，L表示左展位，例如，4.2A01L，4.2B02R。

4. 1/3展位的左右区分方法

第一，按展位排列顺序号，靠近小序号的1/3展位为左展位；靠近大序号的1/3展位为右展位；中间的为中间展位。第二，标准展位的1/3展位，在展位号后加注R表示右展位，M表示中间展位，L表示左展位，例如，3.3A04M。

注意事项：标准展位不允许以小于1/3的单位进行分配；非标准展位不允许以小于1/2的单位进行分配。

四、展览场馆标识系统设计

大型展览活动往往占地面积很大，区域众多，如何方便地将各个区域的方位准确无误地传递给观众，使他们能够明确地知道自己所处的位置，要去的地点，以及确定到达目的地的最佳路线，这就需要设计一套完善的场馆环境标识系统。

场馆环境标识系统是代替语言、文字来传递信息的媒介和工具。它广泛应用于展览场馆中，通过简单、明确的图形符号，快速引导和方便人们的行动。场馆环境标识系统分为场馆引导系统、场馆公共场所指示系统和安全、禁止标识系统。

(一)场馆引导系统

由于每次展览活动展区的划分、观众的参观路线等都是不同的，所以，必须根据展览活动的不同内容、顺序和方向等设计场馆引导系统。场馆引导系统包括参观引导图、行进路线指示符号、指示路牌、区域标识等。它可以根据展览设计风格和展览内容的特色进行构图配色。其设计不仅要通俗易懂、信息明确，还要配合场馆环境，给人以整体协调的视觉感受。

1. 参观引导图

参观引导图一般放置在场馆的入口处、观众休息区和通道各处，能够显示场馆各个展区，让观众很快了解场馆的分布、各个展区的内容特色、到达各个展区的最佳线路，给观众一个总体的视觉参照。

2. 指示路牌

指示路牌是指在场馆现场各通道交叉拐弯处，引导方向的标识。它可以是悬挂在半空的吊牌、竖立在通道上或挂在墙壁上的路牌也可以是标记在地面上的符号等。

3. 区域标识

区域标识是放置在大型展示活动不同区域的标识，每个区域都有其特定色彩和符号，以示区别。

(二)场馆公共场所指示系统

人们在场馆中经常会有对服务设施的位置、方向、性质等方面信息的需求，如出入口、停车场、洗漱室、商务中心、广播台、残疾人通道等，这些明显、清晰、美观的标识在酷似迷宫的环境中为人们引路导航，在给观众带来极大方便的同时，也显示出展览组织者对观众和参展者的极大关心和爱护。

场馆公共场所指示系统采用了图解式的文字和语言表达方式，共同特点是构图稳定、均衡，造型是由标准几何形构成的具体形态。由于这些标识的形象性较强，所以即使没有文字注释，或语句不通，仍可以根据自己的需求按图索骥找到这些地方。同时，场馆公共场所指示系统不仅要按照国际通行的惯例来应用，而且还应根据实际情况，从场馆建筑、环境、设施的整体出发，在造型、结构、材质、色彩等方面加以协调处理。

(三)安全、禁止标识系统

为了保证展览活动中人与物的安全，需要在特定场所、工具、器物或包装上使用带有明显警示性的标识。此类标识由于关系到人们的生命财产安全，所以在设计上要有强烈的视觉冲击力和明晰的识别效应，便于人们发现与警觉。同一性质的标识最好统一规范，以免造成视觉混乱。

总之，场馆环境标识系统是一个提高工作效率、参观效率，给人以方便的指示系统。它的设计应简洁、标准、明了。在庞大的场馆中，鲜明的标识系统不仅可以使展览形象突出，而且可以保持设计的完整统一。

五、场馆环境装饰设计

场馆环境设计主要是为了强化主题、美化空间、烘托气氛，起到吸引观众注意力的作用，它是展览设计的重要组成部分。场馆环境装饰设计主要包括会标牌设计、场馆主会场及各分会场门楼设计、会议背景板设计、场馆环境广告设计等。

(一)会标牌设计

会标牌是展览活动场馆的标志性装饰物，一般放置在展览活动的主要出入口和建筑物的醒目位置上。它的主要内容包括展览活动的名称、组织单位、时间、地点及内容，其形式与路牌类似。

(二)场馆主会场及各分会场的门楼设计

场馆主会场及各分会场的门楼是展览活动中重要的标识物，也是场馆环境装饰的主要对象，大都设置在主通道的入口处和各分会场通道的入口处，跨街而立。

(三)会议背景板设计

会议背景板用于传递会议的内容、名称、组织单位等信息，主要放置在大会主席台后面正中的显著位置。它的设计要求美观大方，体现会议的主题和理念。

(四)场馆环境广告设计

场馆环境广告主要包括室外升空气球条幅、建筑物外墙条幅、悬挂彩旗等广告形式。

展览场馆设计的好坏直接影响到展出效果，影响到展会的形象和效益，因此展览场地的设计在展览活动中尤为重要。

>> 任务四　展览现场设备及管理 <<

【知识目标】了解展览现场设备以及设备的管理。

【技能目标】能够使用展览的现场设备并做好各个阶段的管理。

一、展览现场设备

(一)供电

展览中心主供电线路一般为三相交流电，线路频率为50赫兹，标准供电电压为220/380伏。主变压器的最小容量应为简峰负荷的150%，在线路负荷方面一定要做好充分的预估。展厅内要设有足够的电源接口和插头。

(二)给水排水

展览中心的供水系统负责采暖区域的循环管网、空调的冷冻水管道、卫生间的冷热水供给等，排水系统包括整个展馆的冷水、热水和废水排泄系统。在展厅规划时要考虑设置足够的给排水口，时刻保证管道畅通。

(三)空调

使用空调期间，主办单位必须协助做好门窗的关闭工作等，做到人员进出随手关门，以确保空调的效果，减少能源的浪费。

(四)电梯

展览中心需要配备货梯和电梯。展会期间，一些展品及大件货物进入展场上层展厅需要借助于货梯。客梯主要为进入展厅的人员提供服务，绝对不能用作货梯运送任何货物、设备或家具。

(五)照明

展览照明的采光形式包括天然采光、人工光源采光及两者综合采光照明三种形式。天然采光是最主要、最经济的光源。如何利用天然光，是展览场馆设计中的一个主要问题。

(六)消防设备

在展览会期间场馆方应该做好门禁工作，严禁进入场馆人员将易燃、易爆、有剧毒或有污染的物品带入展览中心场馆，高度重视消防安全工作，场馆里面必须配备消防设备，做好应急准备。

展会布展结束后，组展单位和场馆方以及公安消防部门，需进行防火防爆为主的安全检查，必要时需进行安全演习。

(七)信息网络和通信

展览中心为了便于部门间相互沟通，需要在办公室、会议室、展示区域安装多部直线电话，场馆以及周边区域有无线网络覆盖，可供展会工作人员、展商、观众等相关人员使用电脑和手机进行沟通联络。在网络覆盖的区域，展览中心应提供智能化网络系统服务，让展会服务更加方便快捷，如电子登录系统、电脑查询系统等，并能够提供包括有线、无线宽带网的上网服务。

(八)公共广播系统

公共广播系统起到烘托气氛、传递信息的作用，可以向展览区域、办公区域等提供清晰、高质的背景音乐、紧急广播、业务广播等服务。在发生火灾及爆炸等危险紧急情况时，公共广播系统可以与消防系统联动，满足火灾紧急广播的要求，在危险紧急关头起到疏散指挥的作用。

(九)展具

展具在展示活动中是不可或缺的承载展品的装置和设施，展台、展墙、展架、展柜、展板、橱窗以及辅助道具等，都是常用的道具。展具的主要功能是陈列展品，同时对空间起到分割和创造展示的作用。换言之，展示空间的界面主要是由展具决定的。展具主要包括以下几种。

1. 展台

展台是会展组织者分配给参展者自行支配的展示空间。展台可大可小，可高可低。展台主要有以下 3 种。

(1)积木类展台

积木类展台是利用正方体、长方体、圆柱体等多种不同几何体或同一种几何体不同大小、高矮的展台组合而成。这类型展台主要用于小型展台的展示。积木类展台常见的规格有五种：20cm×20cm、40cm×40cm、60cm×60cm、80cm×80cm、120cm×120cm。积木类展台比较容易组合、拆装、造型多样，运输存储方便。

(2)台座类展台

台座类展台是一种凸起的平面展台形式。一般来说，台座类展台主要用于较大型展会，如雕塑、模型、沙盘、家用电器、机械设备、交通工具等类型。台座的高度一般为 10～40cm，较高的台座高度为 40～80cm。宽度和高度可以根据实际需要调整。台座类展台可分为旋转式和固定式两种。在展示时利用旋转式展台可以多方位、多角度地观看和品评展品，能够产生全方位、多元化的视觉效果。旋转式展台在设计时需要考虑到观众与展品的安全。展会展示中的一些演出活动，大多采用固定式展台。

(3)套箱类展台

套箱类展台是按照一定模数关系制作的系列方形箱体，与积木类的展台功能基本相同，套箱类展台也是适合小型展品的展示，且便于运输、存储。

2. 展柜

展柜是一种以木料或金属材料作为框架和支架，以玻璃和板材封闭而成的展示设备。在会展活动中需要重点突出的展品或者比较贵的展品，大多会选择展柜来进行展出，便于存储。展柜常见的类型有桌柜、立柜、壁柜。

(1)桌柜

桌柜指做成桌形的展示柜，它一般在人的视平行线以下。桌柜是一种应用相当频繁的展示道具主要用于陈列小型、贵重、易损的展品。

(2)立柜

立柜一般为落地式展柜，尺寸偏大，可以是一面或两面靠墙摆放，也可以是独立展柜，称为岛形展柜或中岛。根据柜子的高低不同，立柜可以分为高柜和矮柜。高柜适合多层展品的展示，高度通常为 200～240cm，根据需要可在高柜内顶部增设光源，灯具可采用日光灯，也可采用聚光灯照射展品，但需附设遮光和散热装置。矮柜高度一般在 105～120cm 之间，可以在底部或侧面设置日光灯。

(3)壁柜

壁柜一般是镶嵌于展墙或实际墙体表面的展柜。

3. 展箱

展箱是一种特殊的展柜，一般是类似橱窗的龛橱式展柜，也叫布景箱。其内部设置各种仿真场景，使展品呈现出生动逼真的视觉效果，激发观众的参观游览欲望。一般箱体的背部、两侧与后部上顶呈弧形，以增加空间的深远感。

布景箱的高度通常为 150～180cm，深度为 90～150cm，用于博物馆陈列的布景箱一般深度为长度的一半以上，其深度可根据实际情况而定。

4. 展架

展架是用于支撑固定展板，拼联和组合展台、展柜等的骨架，也有构成摊位的隔断、顶棚以及其他部分的作用。

目前展架的材料有铝合金、不锈钢、塑料、玻璃钢等，安全耐用，拆装便捷。这类展架有拆装式和折叠式两种，可根据展位的实际情况任意组合搭建成所需要的各种形状。

(1)拆装式展架

拆装式展架有奥克坦姆展架、折叠插接式展架、任意多向连接展架、X 形金属展架、行星系统展架。这些展架易于拆装和扩展，材料多为玻璃、塑料、合金，整体重量较轻。

奥克坦姆展架系统可以用有限的铝制杆件搭建成丰富多样、灵活多变和个性突出的展位。操作简单，降低了展架的搭建和拆卸的复杂程度，缩短了施工时间，被广泛应用于标准摊位的搭建，可多次重复使用，大大地降低使用成本。

折叠插接式展架能够根据实际场地面积不同而随意组合成各类展示道具，是一种可折叠、拆卸、插接的展架搭建系统。

任意多向连接展架通过合金管材与多向连接器的巧妙组合，可以搭建背景墙、陈列柜，甚至室内外大型活动的台面。可以与灯箱布、各种厚度板材及多用顶篷等配合使用，获得理想的个性化展示效果。

X形金属展架造型设计简洁，便于运输，存储方便，性价比较高，可以重复使用。

行星系统展架可实现任意组合，循环使用，突破强度、材质等使用限制，可满足各种展示的需要。

(2)伸缩式展架

伸缩式展架常见的类型有拉网式展架、折叠桁架式展架、柔性特装。

拉网式展架是用架体架起的大型框架，组装方便，拆装灵活，使用时轻巧，方便，美观、大方，方便携带。该展架有直型和弧型，采用的技术是特制磁吸贴画技术，可以让展品栩栩如生，光彩夺目。

折叠桁架式展架具有跨越较大空间的能力，能够承受相当的荷载，比普通折叠桁架更稳固。折叠桁架是运用了“分解组合、结构变形”的几何原理，组合拼接灵活，运输存储方便。可用于写真、喷绘，做成灯箱式效果，展示效果更佳。抗风效果好，因而更加受到户外展会活动的青睐。

柔性特装是利用超强弹性特殊装饰布和合金龙骨制成的展架形式。这类展架将点、线、面有机结合，使展位刚柔并济，更加飘逸、轻盈、安全，如果在展示的过程中加入适当的灯光，可以产生一种梦幻般的展示效果。

5. 展板

展板在日常的展示活动中，既可以起到分割空间的作用，又可以起到展示的效果，展板上可以粘贴各种平面图文或者吊挂各种展品以及展示媒体等。展板的大小、形状、材料可以根据实际情况来定。其中，标准化展板可重复使用，搭建成本和难度低，搭建效率高。常用的展板规格为60cm×90cm、60cm×180cm、90cm×180cm、120cm×240cm、240cm×240cm等。

6. 展墙

展墙又可以被称为板墙或者是假墙、隔板，是展板的另外一种表现形式。但是在实际展示活动中展墙比展板的尺寸大些，宽度一般为150～250cm，高度为240～360cm。展墙一般包括木质结构的展墙，PVC展墙和树脂板的标准化展墙。

7. 辅助展具

在展示活动设计中经常还需要借助一些小小的“道具”，如栏杆、花槽、标牌、配电箱等。这些展具体积不大，发挥的功能却不小，是展会不可或缺的设备。

(1)栏杆

栏杆是由竹、木、铁、石等制成的拦隔物，用于保护观众与展品。在展会现场进行展品展示时，需要利用栏杆进行围合，确保观众与展品的距离。

栏杆有整体固定式、拆装移动式两种。其中，按照结构差异，可分为勾挂式拆装移动式栏杆、沟槽滑轨式移动栏杆、柱形滑块联结式移动栏杆。

(2)花槽

花槽是用来摆放植物的设施。花槽一般放在展板底下或展台旁，也可独立放置。它的造型风格多样，根据不同的环境以及展示道具，可以随时变换，从而达到完美的展示空间视觉效果。借助于花槽可以将展示空间分割为展示区域和洽谈区。花槽也可以作为观众与展品之间的缓冲物。

(3)说明标牌

说明标牌是一种标识物，上面标注着展品的名称、型号、性能、特性、尺寸等信息。它的大小需要根据展品的大小来确定，制作材料有金属、塑料、纸张、木材等。

总之，精彩的会展活动离不开设计精巧的会展道具。道具的设计既要符合人体工程学的原理，同时也需要在色彩、造型、材质和肌理等方面与展示空间的风格、展示性质、展品的特点相符合。设计成功、表现到位的道具可以成为会展展示活动中的一个亮点，成为展会展示活动的“点睛之笔”。

二、设备管理的工作流程

上交设备采购申请—审核采购方案—招标—采购—设备安装与调试—完工验收—制定设备维护方案—审批—日常维护与故障维修—紧急故障处理—设备状况评估—设备报废及处理—财务结算—采购新设备。会展设备管理流程是循环的过程，周而复始。

三、展览设施设备的前期管理

会展设施设备的前期管理包括四个环节。

第一环节：需要进行市场调研，通过掌握的资料和信息进行分析论证，做出科学的规划决策。

第二环节：需要对设备进行整体规划，确定设备的种类、数量、预算等，然后对设备进行选择对比。

第三环节：确定采购类型，然后进行订购。

第四环节：采购完成后进行安装，投入运行，完成这一阶段的全部管理工作。

这一过程环环相扣，某一个环节出现问题就会影响到下一个环节。整个设备的前期管理过程将决定设备的技术水平和系统功能，影响会展展览设施设备寿命、周期、费用。前期管理工作中要注意加强市场调研，在科学的可行性论证基础上做出规划决策。在选择设备时遵循的标准有：适用、性价比高、安全、节能、环保等。

【知识链接】

会展设施的管理

会展设施的管理可以分为硬件管理和软件管理两个方面。

一、硬件管理

硬件管理往往受到设施的规模、布局、设计和装备的影响。会展场馆的位置和面积一般是在建成的时候就已经定下来的，所以硬件管理的重点多放在会展场馆的运作与成效方面。其中重点主要是以下六个方面：

(1)安全是重中之重。在会展活动举办期间，会有大量的人员在会展场馆中短期逗留或进出会场，如展览会的参展商、会议的出席嘉宾、观众等。因此，会展场馆一定要保证消防系统、防火装置、警报系统、广播系统、紧急照明系统等的正常运作。而且会展场馆的工作人员也必须经过专业的训练以处理随时可能发生的火灾或其他紧急突发事件，以此保证会展所有参与人员的人身安全和会展场馆内的财产安全。

(2)提供舒适的环境。向场馆使用者和出席会展活动的人提供舒适的环境，使活动可以顺利地进行，是会展设施管理者的基本责任。要保证在会展期间使用到的照明、通信等基本设施正常运行。

(3)保证物品进出便捷。会展活动的日期在确定之后，一般不可以更改。所以，运输通道，如车道、货梯等一定要保持通畅，以配合会展活动的要求，并使得大量的设备和展品可以在既定时间内顺利进出会展场馆。

(4)妥当保养会展设施的维修。会展设施日常的维修保养非常重要。如果由于设施的运作突然出现问题而引起会展活动的延误甚至是中止，后果将非常严重。良好的维修保养，除了可以防止设备和系统发生故障外，还可以延长设备和系统的使用寿命，提高使用效率、降低成本。

(5)权衡增添特殊设备或器材的成本。不同类型的会展可能需要一些特殊的设备或器材以配合活动的进行，常用的设备或器材可以考虑添置，不常用的设备或器材可以租借。

(6)注重环保是重要一环。会展活动经常在会展结束后把活动使用过的大量物料丢弃，这是一种资源浪费，也增加了处理废物的支出。因此，会展场馆需要尽量实现废物的循环再使用。

二、软件管理

软件管理应该重点考虑以下六个方面。

(1)市场定位。会展场馆的管理者应该清楚地掌握市场需求、竞争环境、设施本身的规模、地理位置、周边环境的配合等因素，来确定会展设施的市场定位，从而制定适当的经营管理策略和方针。正确的市场定位是会展设施成功运营的重要基础。

(2)重视有经验的专业管理人才。会展设施的管理需要专业的人才，就目前情况来看，虽然会展业发展迅猛，但是会展设施专业培训的途径非常有限，有经验的专业管理人才供应不足。因此，会展设施管理者要充分重视人才、善用人才、采取措施吸引人才。

(3)制定服务标准。会展设施的管理不仅要重视场馆的规模和设备的运营，提供优质的服务也同样重要。

(4)调整使用的周期和差异。由于会展活动大多有周期和差异，比如大型运动会具有周期性，而一些商业展览会具有季节性，所以会展设施的使用率在不同的月份有非常明显的差异。一般而言，会展场馆的使用率多集中在30%～70%，在服务资源提供和配合方面应考虑使用率的周期性。因此，一些需要大量人力配合的服务，如餐饮、清洁、保安等可以采用外包的方式。

(5)注意租用会展设施之间的竞争。大部分会展活动都是商业性活动，适合的档期是非常重要的，所有同类型或性质接近的会展活动经常会竞争同一档期。会展设施的管理者要合理编配设施的档期，避免会展活动冲突的情况出现，而且不应该只看重租金收入，而忽视设施租用者的利益。所以，会展设施管理者在处理与顾客的商业交往时，要提高信誉，以争取顾客的信任。

(6)兼负服务社会的职能。由于会展设施自身的特点——多是由政府投资或资助的，因此在管理上，除了正常的商业运作外，也应该满足当地非商业活动对设施的需要，兼具服务社会的职能。

四、展览设施设备运行管理

展览设施设备运行期间的管理要到位，工作人员需要具有高水平专业技术和技能，同时作为设备的管理者还需要制订一套严格的管理方法和科学的检修、养护计划。具体包括以下几点。

第一，避免展览设施设备超负荷运转，要合理使用，充分发挥设施设备效能，达到物尽其用。

第二，避免展览设施设备在不良环境下工作运转，管理人员要及时检查工作环境，给精密的仪器设立单独的工作区域，并配备必要的防护、降温等装置，保证满足一定的温度、湿度、防震等条件。

第三，加强对运行操作人员的规范化管理，定期进行人员培训学习，严禁工作人员违章操作。

此外，在使用会展设施设备时还要注意向客户提供必要的指导服务。

五、展览设施设备的后期管理

(一)展览设施设备的存储管理

展览场馆对自己展览设施设备的存储应该有严格的管理。由于会展设施设备的种类多，数量大，所以需要制定一套完善的管理制度，并由专人进行管理。应定期安排管理人员清点和检查，发现问题及时解决。

(二)设施设备的维修保养

展览场馆对展览设施设备要定期进行清洁、安全检查、设备整理和润滑，防止设备长期不用腐烂生锈。

(三)设施设备的更新改造

展览场馆在定期管理过程中，要对一些已报废、能耗过大、污染严重、损坏严重、修理费用昂贵的设施设备进行更新改造。

【探究与实践】

1. 什么是展示设计？展示设计要素有哪些？

2. 展览会展示设计的基本原则有哪些？

3. 通过对展览会的设计、展台的设计、展览场地的具体安排、展示设计与布置、展览现场设备安排等相关知识的学习，我们已经对展览会设计、展台设计、展览场地安排、展示设计与布置、展览现场设备安排等有了全面的了解。现在，由你及你的团队来策划一个图书展，你会对展会哪些方面进行设计和安排以吸引与服务更多的参展商和观众呢？小组成员一起来讨论、设计，并拿出你们的设计方案。

参考文献

[1]石齐钧．会展策划与管理课程教学模式改革探讨[J]．现代经济信息．2019(24)
[2]彭慧翔，罗绮琦．产教融合背景下高职会展策划与管理专业中高职衔接人才培养的研究与实践[J]．商展经济．2020(12)
[3]谢亚可．《会展策划》课程教学模式创新研究[J]．中国高新区．2017(19)
[4]董草，吴亮，庞磊，苏晓毅．校园标准运动场作为城市应急避难场所规划研究[J]．中国应急救援．2019(03)
[5]益达．创新发展成为中国会展业主旋律．解读《中国展览经济发展报告2018》[J]．中国对外贸易．2019(03)
[6]罗泽润，汪琪，谭庆莉．会议服务标准化建设初探[J]．上海外国语大学贤达经济人文学院．云南财经大学．2021(16)
[7]兰宇鑫．《中国会展》[J]．中国信息协会．2021(15—16)
[8]阚玉德．展示空间设计理论及其探讨[J]．北京建筑工程学院学报，2005(04)
[9]王爱敏．浅议心理学在展示设计中的重要作用[J]．包装工程，2004(03)
[10]尹铂．互动展示的应用策略探寻[J]．包装工程，2009(02)
[11]姜立善．装饰材料在展览空间中的运用[J]．工会论坛(山东省工会管理干部学院学报)，2009(04)
[12]姜群，何人可．信息时代的展示设计研究[J]．湖南大学学报(社会科学版)，2001(S1)
[13]黄良伟．试论平面设计符号的多维性在展示设计中的呈现[J]．韩山师范学院学报(社会科学版)，2005(05)
[14]温建良．家具的网络虚拟展览初探[J]．家具与室内装饰，2005(09)
[15]王冬，钟虹滨．“散点透视”与当代展示设计[J]．家具与室内装饰，2007(02)
[16]李女仙，何新闻．解读非语言符号在展示设计中的应用[J]．家具与室内装饰，2007(12)
[17]吴静，王翔宇．光影在家具展厅设计中的运用[J]．家具与室内装饰，2009，(04)
[18]陆江艳．展示空间艺术设计研究[D]．武汉理工大学，2003
[19]郭琼．家具展览会展示设计初探[D]．南京林业大学，2003
[20]周素芬．会展企业核心能力与多元化发展研究[D]．暨南大学，2003
[21]巫濛．品牌专卖店及其设计研究——消费、展示与体验[D]．清华大学，2004
[22]何永军．系统设计理论在展示设计中的运用研究[D]．南京艺术学院，2005
[23]马力．2010年上海世博会参观者行游轨迹及时空分布研究[D]．同济大学，2006
[24]刘东峰．数字时代的商业展示视觉语言表达研究[D]．同济大学，2006
[25]王燕妮．数字化展示设计研究[D]．西南交通大学，2006

[26]徐丹．展示设计中动态空间研究[D]．南京艺术学院，2006
[27]江婷．现代商业空间的展示设计[D]．东南大学，2006
[28]镇剑虹，吴信菊．会展策划与实务[M]．山海交通大学出版社，2017
[29]丁萍萍．会展实务[M]．高等教育出版社，2009
[30]苏珊．现代策划学[M]．中共中央党校出版社，2002
[31]中国经济网会展中国．http://expo.ce.cn/
[32]徐迎新．中国会展业国家标准发展与展望[J]．中国会展．2020(19)
[33]康年．瞿立新．宋波．会展行业人才需求与职业院校专业设置匹配分析[J]．中国职业技术教育．2020(29)
[34]刘红霞．会展实务[M]．北京：北京师范大学出版社，2011
[35]尹丽琴，夏慕禹．会展策划实务[M]．北京：清华大学出版社，2014
[36]舒波，冯麟茜．会展策划与管理[M]．北京：清华大学出版社，2016
[37]李红．会展策划实务[M]．北京：中国人民大学出版社，2019
[38]潘宏．博鳌亚洲论坛：推动亚洲区域整合的国际平台[J]．商场现代化，2008(13)：283－284
[39]王洪伟．论城市交通与城市发展[J]．决策咨询，2011(04)：15－17
[40]乌兰图雅．中日韩国际会议城市的构建探析[J]．城市规划学刊，2007(03)：90－94
[41]李志飞．会展服务管理[M]．武汉：武汉大学出版社，2013
[42]杨劲祥．会展实务[M]．大连：东北财经大学出版社，2008
[43]马骐．会展策划与管理[M]．北京：清华大学出版社 北京交通大学出版社，2011
[44]马勇．会展学原理[M]．重庆：重庆大学出版社，2015
[45]赵玉甡．现代会展理论与实务[M]．北京：对外经济贸易大学出版社，2013
[46]龚维刚．会展实务[M]．上海：华东师范大学出版社，2019
[47]陈同乐．产品、项目、事件——临时展览策划与实施的三个新视角[J]．博物院，2020，4(04)：20－24.
[48]张雨桐．基于现代传媒理念的艺术展览策划[J]．美术文献，2019，13(11)：8－9.
[49]丁明哲．略谈展览策划观念及方向的变化[J]．文物鉴定与鉴赏，2019，9(18)：128－129.
[50]葛天，李喜萍．论原创展览的概念、类型与策划思路[J]．中国博物馆，2019，36(02)：63－66.
[51]田江艳．面向企业需求的高职教学模式改革实践——以《展览策划》课程为例[J]．教育教学论坛，2018，10(20)：255－256.
[52]张凡，张岚．展览项目管理如何定义？[J]．中国会展，2019，13(05)：56－58.
[53]张凡．展览项目策划与管理[J]．中国会展，2018，12(05)：60－62.
[54]王壮飞．会展产业与展会项目管理[J]．科技创新导报，2011，8(25)：109－110.
[55]扬·哈维，汉·梅特，安来顺．展览项目管理模式(节录)[J]．中国博物馆，1994，

11(03)：41—46.

[56]段晓东．现代项目管理理论与策展管理策略研究[D]．长春：吉林艺术学院，2019.

[57]王春雷，陈震．展览项目管理从调研到评估[M]．北京：中国旅游出版社，2012：45—78.

[58]莫志明，唐玉．展览项目管理实务[M]．武汉：华中科技大学出版社，2017：21—47.

[59]刘佳龙编．会展策划与管理[M]．北京：中国旅游出版社，2011：109—118.

[60]罗秋菊．会展教育出版社[M]．北京：高等教育出版社，2020：75—91.

[61]王起静，刘畅．展览会策划与管理[M]．北京：经济管理出版社，2016：68—82.